U0336182

攀登者

松下幸之助的经营哲学

郑义林　著

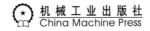

机械工业出版社
China Machine Press

图书在版编目（CIP）数据

攀登者：松下幸之助的经营哲学 / 郑义林著 . -- 北京：机械工业出版社，2022.1
ISBN 978-7-111-69613-1

I. ①攀… II. ①郑… III. ①松下幸之助 (1894-1989) – 人生哲学 IV. ① K833.135.38

中国版本图书馆 CIP 数据核字（2021）第 232923 号

　　被誉为日本"经营之神"的松下幸之助，是攀登人生双峰的攀登者，相对个人的经营成就，他更专注于努力建设一个互信、互惠、互相依存的美好社会。从他的超凡功绩中，我们能学到很多经营和人生的智慧，这就好似"一鲸落，万物生"的经典演绎。

　　松下幸之助根据自己的观察和思考，总结出了一整套关于宇宙、自然、人类的哲学思想。而这一切思想都源于他对"人性尊重"的人类观。因为有这样的人类观，他首创了"自来水哲学"的经营哲学，以及"经营即教育"的教育理念。通过对松下先生的经营法则、人生哲学和用人哲学的探究，我们不但可以获得"企业经营的成功心法"，还能为自己的精神世界找到归宿。

攀登者：松下幸之助的经营哲学

出版发行：机械工业出版社（北京市西城区百万庄大街 22 号　邮政编码：100037）
责任编辑：贾　佳
责任校对：马荣敏
印　　刷：北京诚信伟业印刷有限公司
版　　次：2022 年 1 月第 1 版第 1 次印刷
开　　本：147mm×210mm　1/32
印　　张：9
书　　号：ISBN 978-7-111-69613-1
定　　价：69.00 元

客服电话：（010）88361066　88379833　68326294　　　　投稿热线：（010）88379007
华章网站：www.hzbook.com　　　　　　　　　　　　　　读者信箱：hzjg@hzbook.com

目录

IV

攀登，一种向上的力量

由于地球引力的作用，一般物体失去支撑都会呈现自由落体状态，从相对静止开始下落，而且下落的速度会越来越快。其实芸芸众生又何尝不是如此呢？向上进步很艰难，向下坠落很自然。

而有些人则不同，他们选择了艰难的挑战——向上攀登。于是他们中间的一部分终于到达了成功的顶峰。

正如作者在《攀登者：松下幸之助的经营哲学》一书中所说的那样："人的一生，总会有一个目标。当我们把这个目标看作一座山并朝着它努力时，每个人都能攀登自己人生的高峰。"

问题是，攀登就意味着挑战，挑战就蕴含着风险。以20年管理咨询者的视角观察，挑战商业高峰，失败是大概率，成功是小概率。出发时志得意满者漫山遍野，到达顶峰者却寥寥无几。怎么才能提升成功率？这是大多数人都面临的问题，也是作为社会工作者和教育工作者的作者长期思考的问题。

在这本书里，他给出了答案：向成功的攀登者学习，吸取他们的经验与教训。他首先解读的攀登者是任正非，而任正非前面的攀登者是松下幸之助。在庆祝中国改革开放40周年大会上，10位国际友人被授予中国改革友谊奖章，其中一位便是被誉为日本"经营之神"的松下电器创始人松下幸之助。

本书从松下幸之助的经营法则、人生哲学和用人哲学展开，将素直之心、决策艺术、五项修炼、人生智慧娓娓道来。在书的结尾，作者写到了"一鲸落，万物生"的自然现象：一条鲸鱼的死亡，可以供养其他生物长达半年之久，而之后在深海底下会慢慢形成一个新的生态系统，每一条鲸鱼落下的地方，都是生机勃勃的景象。我想，作者写这本书的时候，也是充满了这种浪漫情怀的。

一本好书的出版，也同样具有鲸落的意义。我曾经给中央人民广播电台写过一首主题歌《好书作伴万里行》，现在把其中的一句歌词送给作者和更多的攀登者：

"背上智慧的行囊，踏上寻梦的路程，好书作伴万里行"！

杨思卓
联合国可持续发展贡献奖获得者
中商国际管理研究院院长
列日大学博士生导师

亚洲企业家的再研究

日本从 1950 年代开始重建战后经济，从起初生产一些低价格、低质量、低利润的产品转型为制造高价格、高质量、高利润的产品。尤其是 1955 年日本生产性本部向美国派视察团学习美国的先进技术，把价值工程等先进的管理技术带回日本，以后的日本从产品到经营方面都发生了翻天覆地的改变。从 1960 年代到 1980 年代是日本企业最辉煌的时代。在产品维度上出现了从黑白电视机、洗衣机、电冰箱三种神器，到彩色电视机、汽车、空调新三种神器，以及随身听、电饭煲、掌上游戏机等，大量在当时震惊全球的跨时代的经典爆品。在经营维度上也涌现出了松下幸之助、井深大、盛田昭夫、丰田英二、丰田喜一郎、本田宗一郎等一大批让世界刮目相看的企业家，他们让世界重新认识了黄种人，也重新定义了亚洲企业家。

1980 年后日本的家电产业、汽车产业已经彻底反超，并且遥遥领先美国及欧洲国家等发达国家。1990年代由美国带头掀起了开始学习日本的热潮，其实至今为止很多先进的管理技术的原型都在日本。例如诸位同仁耳熟能详的华为的IPD，华为是向IBM学习了IPD，但是IPD的原型确是在丰田汽车，是1990年代的美国全面学习日本的产物和明证。除此之外的六西格玛、Lean（精益）、Workout、BSC（平衡记分卡）等先进的管理技术都是美国从日本引进的"舶来品"。甚至因为学习日本，全球的经营及商业模式也顺势进入了另一个时代——"知识经营"的时代。正如德鲁克所说，21世纪最大的资源就是知识，然而日本企业真正强大的原因是来源于它内部的隐性能力，也就是众所周知的持续改善能力。这种能力就生发于本书所提及的日本式经营哲学，人生哲学和用人哲学之中。

日本式的经营有别于欧美式的那种重视短期利润的经营，它是充分融入东方哲学及中国禅宗思想的亚洲理念。注重企业可持续性发展的经营，谋求企业、员工和社会实现共生的经营，这种哲学、理念和实践制度也是真正符合当下中国环境的经营思想。随着苹果等美国企业的崛起，部分中国企业家一度认为日本式经营已经不适用于这个时代了。但是，其实恰恰相反，纵观当下的成功企业几乎都是日本优秀企业的好学生。苹果学习了索尼和松下，三星学习了松下和夏普，这些当今优秀的企业的内部印刻着日本式经营的DNA，日本式经营也已经成为"知识经营"时代不可或缺的指明灯。

被封为日本"经营之神"的松下幸之助在经营领域独树一

X

帜，把日本式经营的精髓发挥到淋漓尽致，尤其是本书第四章的素直之心，和第六章的用人法则，及第七章的五项修炼，势必会给企业家带来另一种维度的冲击性思考。如果说西方的选择性文化是一剂强心剂，那么松下经营则是一服中药。强心剂注重短期的亢奋，而中药则注重内在的调理和长治久安，这是亚洲企业家的共同追求和精神共同体的本质所在。

最初看到本书时，我不由得满心欢喜，这里的原因有二。其一是我们协会和松下幸之助颇有渊源，可以说是一路陪伴和见证着松下幸之助及松下电器的成长。在日本电器行业最早发现价值工程在研发领域能起到杰出作用并积极引入它的正是松下幸之助，松下先生通过使用价值工程研究客户所需求的功能，从而研发出了大量"既好卖又赚钱的产品"，开启了日本企业的爆品时代，也同时奠定了价值工程在日本企业家心目中的崇高的地位。能看到松下幸之助的理念再度进入中国读者的视野甚是欢喜。其二是深深地坚信以松下幸之助为首的日本式经营思想是中国企业家当下该看的，是真正能够帮助中国企业家的思想。中国的企业家也到了潜心地研究一下日本式经营的节点，深信《攀登者：松下幸之助的经营哲学》能够帮助中国企业家攀登经营的高峰。也由衷祝愿这本新书能够在中国掀起再次研究日本式经营的旋风。

公益社团法人日本价值工程协会中国区总代表

何晓磊

每个人都是攀登者

电影《攀登者》讲述了 20 世纪六七十年代，中国登山队两次登顶世界最高峰珠穆朗玛峰的故事。电影中的中国登山运动员凭借着惊人的勇气、毅力和智慧，以搭人梯的方式创造了奇迹，他们在极其严寒和饥饿的条件下忍受着可能被冻伤的巨大风险，成功地让五星红旗飘扬在了珠峰之巅。

在攀登的过程中，攀登者们会不断遭遇各种难以预测的危险，时常命悬一线。在种种困难面前，他们未曾妥协，而是选择团结一心，带着向死而生的精神，一步一步奋勇向前。

很多人会提出疑问："在那个连饭都吃不饱的年代，他们攀登珠峰到底是为了什么？"老队长的回答是"我们自己的山，自己要登上去"。攀登珠峰是一代人的使命和目标，既然他们选择了攀登，就要无惧艰难，去创造奇迹。

　　如果把这种攀登者的精神，还原到我们每一个普通人的身上，也是同样适用的。人的一生，总会有一个目标，当我们把这个目标看作一座山，并朝着它努力时，每个人都能攀登自己人生的高峰。

　　将人生比作登山，是个常见的比喻。比如，马克思曾说："在科学上没有平坦的大道，只有不畏劳苦沿着陡峭山路攀登的人，才有希望达到光辉的顶点。"

　　攀登者的人生，是征服一座座高峰，不断地挑战自我的过程。而我们的一生，也是"攀登"生活中一座座无形的高峰，勇敢战胜所有的困难，敢于向命运亮剑的人生。许多工作在不同岗位上的平凡人，依靠他们勇于攀登的精神和坚持不懈挑战自我的努力，最后成为不平凡的人。

　　袁隆平是一位攀登者。当饥饿让他无力拉动一把小提琴时，他明白了：对于人类，吃饱肚子是最基本的生存权。为了让更多人能吃饱饭，袁隆平在杂交水稻的研究上一路攀登，克服重重困难，在1975年首次培育成功了杂交水稻。这被国际公认为一次新的绿色革命，为整个人类带来了福音。在袁隆平身上体现的是一种勇攀科学高峰的精神。

　　屠呦呦是一位攀登者。没有留洋背景、博士学位和院士头衔的屠呦呦，从1969年开始带领她的课题组，从历代医学典籍、本草纲目、民间方药入手，以身试药，历经了380多次的失败，终于在1971年成功研制出青蒿素，拯救了全球数以亿计的生命。2015年，屠呦呦实现了中国人在自然科学领域诺贝尔奖零的突破，让青蒿素成为中医药送给世界的一份礼物。

中国一代又一代的航空航天工作者都是攀登者。从1970年中国第一颗人造卫星"东方红一号"升空，到2003年中国首次发射载人航天飞行器"神舟五号"，到2008年"神舟七号"首次实施太空出舱，到2018年"嫦娥四号"探测器首次在月球背面软着陆，再到2021年中国火星探测器成功着陆火星表面……在一幕幕攀登的瞬间背后，是无数科技工作者的艰苦奋斗和辛勤付出，正是他们创造了一个又一个举世瞩目的中国奇迹，正是他们使攀登成为中华民族前行的动力。

不同的年代，不同的岁月，有不同的攀登者。攀登的精神不在浩渺无边的宇宙里，而在一点一滴的小事与日复一日的坚持中。在这个奋斗的时代，每一名平凡人在各自的岗位上，在细碎的生活里，传承着攀登的精神，追求美好的生活，书写属于自己的篇章。

每一位经营者都是垂直攀登者

每一位经营者都是人生的攀登者，更是经营事业的垂直攀登者。

办企业，做经营，是一件十分不容易的事，需要有攀登精神，要有登顶的勇气和毅力，更要有克服困难的意志力。稻盛和夫曾经用八个字来形容经营事业：力行正道，垂直攀登。他说："可能你会说从来没有攀登过悬崖，不行，悬崖就在这里，你必须攀登！可能你会说没有做好练习，回去练练再来，不行，你必须现在攀登！可能你会说没有带足工具，我去拿工具回来再说，不行，你必须现在、立刻、垂直攀登！"

是的，创业经营，想达到高目标，就要力行正道，垂直攀登。在这个过程中，无论你遭遇什么困难，都不能有瞬息迷茫，要相信自己有无限的可能。只有持续付出努力的人，才能突破困境，最终到达顶峰。

垂直攀登是每一位经营者应有的生命态度。这种态度是经营中无论遇到任何困难，都应该抱以积极的心态认真对待，正面迎击；这种垂直攀登，无论任何时候你都要咬紧牙关坚持前行，一旦松手或是放弃，将会掉进悬崖或是深渊。尽管如此，垂直攀登者却可以见到不一样的风景，体验不一样的人生。

任正非是一位垂直攀登者，他历尽千辛万苦，将华为从零开始，带向全球通信设备和终端产业的顶峰，把华为的基站建在一个又一个的峰顶之上，攀登一座又一座的高山。

李东生是一位垂直攀登者，他曾经说过，一辈子只做一件事，就是带领 TCL 攀登全球化的顶峰。"进一步，刀光剑影；退一步，万丈深渊"，路虽难走，但经历像鹰的重生后的 TCL，在李东生的带领下，最终实现了垂直攀登，走出了一条属于自己的道路。

日本松下电器创始人松下幸之助更是一位垂直攀登者，在他 60 多年的经营生涯中，不断遭遇难以预料且不可避免的各种困境，其中三次是关乎企业生死存亡的重大危机。

第一次是松下幸之助在 22 岁刚创业时，由于资金短缺且经验不足，创业初期就面临破产。松下幸之助靠恪守诚信以及坚持做好产品的理念，度过了那段最艰难的时刻。

第二次是"二战"后松下电器被指定为财阀企业，51 岁的松下幸之助被解除职务，公司被解体，资产完全被冻结。虽遭受如此重创，但他毫不气馁，一边鼓励员工奋力工作，一边成立了 PHP 研究所，探索通过创造繁荣带来和平与幸福的真谛。松下先生的呼吁赢得了深陷困境的民众的共鸣和支持，经过一年多的努力，他终于重新回到工作岗位。

第三次危机是 1964 年东京奥运会结束后，日本经济下滑，松下的销售公司和代理店都陷入了流动资金短缺的困境，当时已经退居二线的松下先生又挺身而出，带领松下电器走出险境。

每一次的困境和危机，正如垂直攀登过程中遇到的暴风雨或是雪崩，都突如其来。然而，一次次成功地摆脱危机，松下幸之助对企业经营有了更深刻的思考，他从一位企业家逐渐转变成为思想家、哲学家。

"世间道路千万条，垂直攀登方为径。"纵观这些取得伟大成就的经营者，他们都是人生与事业上的垂直攀登者，他们的实践告诉我们"垂直攀登"的密码：放下成见或现有答案，就可以完成一个又一个的"不可能"。

攀登者是快乐的

在希腊神话里，英雄人物西西弗斯因触怒了众神而受到惩罚，被要求把一块巨石推上山顶，但每当他将要把石头推到山顶时，巨石又会滚落下来，前功尽弃，西西弗斯不断重复着这桩苦役，永无止境。

后来，西西弗斯的故事经过法国作家加缪的阐释，成为存在主义的经典案例——推巨石上山本身是没有意义的，但因为人在这个过程中的付出和对抗，它被赋予了意义。加缪说："迈向高处的挣扎足够填充一个人的心灵，人们应当想象西西弗斯是快乐的。"

攀登者不单是为冲顶，而是为了享受攀登过程的快乐，为了欣赏沿途的风景。虽一路风云变幻、艰险难测，但风景却很美。

中国翻译界泰斗许渊冲先生活到 100 岁还坚持做翻译，在他去世前两小时，他还在工作。他说："我这一生，就是把中国的美变成世界的美，把世界的美变成中国的美。"

许渊冲老先生在文学翻译中攀登他人生的高峰，百岁仍是"少年"。在攀登的过程中，他是快乐的，因为他学会欣赏美，感受美，传播美。他说："人生的目的就是各尽所能，各得所好，做到这点人就是幸福的。"

为什么松下先生总是微笑着？我想，松下先生的笑容源自他内心的快乐，这份快乐来自他精神上的愉悦和满足，来自他攀登过程中的自我挑战与超越。

山，永远是美好的，永远能让人从灵魂深处感觉到它震撼的力量。当欣赏这种美丽和感受这种力量的时候，你要有一种向死而生的勇气。但只要山在那里，人就永远会在崎岖不平的山路上攀登，在生活和工作的道路上攀登。我想，攀登是一种甜美的苦役，人们回味它时仍然充满着快乐吧！

走进松下幸之助的经营哲学

两年前，一次偶然的机会我接触到盛和塾，学习并了解了它的创办人日本"经营之圣"稻盛和夫的故事。后来我买回稻盛和夫关于经营哲学的著作，在学习研究中，了解到他的启蒙老师是日本松下电器创始人松下幸之助。稻盛和夫一生以松下先生为榜样，他说："在经营最为迷茫和无助的时候，是松下先生的智慧启迪了我，松下先生就像是黑暗中的一盏明灯，照亮我前进的方向……"

读到这里，我眼前发亮，脑海里久久挥之不去一个名字——松下幸之助。从那时起，我开始关注松下幸之助和松下电器，翻阅了20世纪末期引进中国的《松下幸之助经营管理全集》，仔细研读后深深感慨：这是一位被低估的"经营之神"啊！

于是，我暗暗下定决心，努力成为松下先生在中国的研究者和传播者。为了更好地研究松下先生，我托一位在日本工作多年的朋友，从松下电器及PHP研究所，找来了部分松下先生内部演讲的素材及资料，以此作为研究他的经营管理思想的基础；同时，也在对松下电器（中国）公司的发展历史的回顾中，寻找松下先生的中国情结。

融合东西方哲学思想的企业家

2018 年，松下电器迎来创业 100 周年。尽管创始人松下先生早已离去，但他所创立的经营哲学在过去 100 年中，始终影响和引领着这家企业。松下电器不仅历经漫长岁月而屹立不倒，更成为了代表日本的跨国企业集团。松下先生所倡导的人生哲学和新人类观，更是让他获得"全球人民的启发者"的至高评价。

如果说"哲学是自我对人类的透彻思考，是对人性的追寻与确认"，那么松下幸之助无疑可以称得上是一位"哲学家"。正如希腊哲学家们那样，他也对人类有着透彻的思考，并以自己的方式寻求对人性更加明确的理解。

松下幸之助的一生，每一天都是对人的思索和考察。是什么让他如此深刻地去思考人类并形成自己的哲学思想呢？我认为是他家人的相继去世导致的。

松下幸之助家有 10 口人，双亲、7 个兄弟姐妹及其本人。在他 10 ～ 20 岁的这些年间，除了一位姐姐外，其他家人都接二连三地因肺结核而去世，那时肺结核在日本是不治之症。不难想象，面对几乎每年都有家人离世的现实，松下幸之助自然会认真地、深刻地去思考"何为生死""何为人生""何为人"这类哲学问题。

在研究松下先生的哲学体系时，我发现，他是将西方哲学与东方哲学完美地融合在一起的人。

西方哲学是从古希腊哲学开始的，而古希腊最早的哲学家都是一些自然哲学家，因而西方哲学主要是从自然的角度去理解世界的，西方哲学是向外看的，它的对象是自然，它以自然为主要课题，渐渐发展出了宇宙学、本体论、形而上学这样的学问。西方哲学在开创哲学体系的同时，也开创了自然科学。

以中国为代表的东方哲学一开始就是从圣王的传统而来的，是向内看的学问，东方哲学的特质就是它重视生命问题，并始终把人放在本位，而非物或自然。所以，东方哲学的主要课题是德行和生命。东方哲学将人作为目的，而不是工具，它旨在启发人的良知。

通过对松下先生哲学思想的研究，我们可以发现，一方面他受中国儒释道思想的影响很深，比如在道德价值、人生意义方面，他提出的"以人为贵""社会大义""经营者的使命"等观点，与儒家所倡导的理念高度一致；松下幸之助所提出的哲学核心思想"素直之心"，来自中国道家老子的《道德经》中的智慧。另一方面，松下幸之助的哲学思考当中，也有非常多受西方哲学影响的地方，他把研究的出发点放在宇宙和自然、人类的进化，由此提出"繁荣的根基""生成发展观""人类是伟大的存在"等哲学观点。在企业经营当中，他不断引进西方科学管理方法，重视技术变革与创新；在生活中，他倡导亲近大自然，提出凡事要尊重自然规律，顺势而为。松下幸之助的哲学思想，完美地将东西方哲学与智慧融合在一起，既向内求，也向外求。

开创经营实践哲学

松下幸之助对于现代商业世界的最大贡献，是开创了"经营哲学"这一实践哲学。松下先生将哲学思想应用于企业经营管理当中，他的这一伟大"发明"，对当今企业界的影响深远。

稻盛和夫在松下幸之助经营哲学的启发下，开创了著名的"京瓷哲学"，并在经营上取得了巨大的成功；海尔集团一直以松下电器为学习的榜样，张瑞敏建立了以人为本的"海尔管理哲学"；华为的任正非在2001年考察松下电器后，写下了《北国之春》一文，将松下幸之助的经营思想写进《华为基本法》，奠定了华为文化的根基。企业经营离不开经营哲学思想的引领。

所谓"经营哲学"，是一种实践哲学。松下幸之助认为，对一个合格的经营者来说，最重要的不是知道多少复杂的知识和理论，而是懂得珍视那些看似简单但能引导人们采取正确生活态度的原则，即哲学。这种哲学"不是晦涩难懂的书桌上的学问，而是从经验和实践中产生的生动的哲学"。

松下幸之助从"白手起家"创业到94岁去世的60多年经营生涯中，一直在实践着"以人为贵"的经营哲学，也因此取得了伟大的成就。"以人为贵"的经营哲学，源于松下幸之助最底层的哲学思考与总结，即"人类是伟大的存在""人是万物之王"等，这一点收录在他的著作《思考人类——新人类观的提倡》（PHP研究所，1972年）中。

以"以人为贵"的哲学思想开展经营实践，松下幸之助做到了非常珍视公司员工和顾客。面对顾客和社会大众，松下幸之助有一个著名的主张，即企业要"大量生产物美价廉的产品"，以满足社会大众的需要，让人民幸福。在此主张的引领下，松下电器不断改进技术，降低成本，让更多物美价廉的产品走进千家万户。

在对待员工方面，松下电器不会轻易解雇员工，哪怕是在经济危机或是企业最困难的时候，松下电器都尽最大努力与员工共渡难关。在松下先生的经营哲学中，提高利润处于次要位置，实现全体员工的幸福和满足才是重中之重。松下先生开展"众智经营"，提出"人人皆是经营者"，虚心倾听并采纳员工的建议。

松下先生"以人为贵"的经营哲学正是他 60 多年经营生涯中一项典型的实践哲学，这位经营之神留给我们的，还有许多看似简单朴素，实则内涵深刻、意义非凡的经营哲学，这些智慧是留给人世间最宝贵的精神财富。

认识松下幸之助

"最卓越的产业人、思想家、哲学家。"

——美国《生活》杂志评价松下幸之助

传奇而丰富的人生

在日本的企业界有四位传奇人物，他们分别是松下电器的创始人松下幸之助、索尼的创始人盛田昭夫、本田的创始人本田宗一郎，以及京瓷的创始人稻盛和夫。他们被并称为日本的"经营四圣"，在他们4个人中，松下幸之助更被尊为"经营之神"。

1894年，松下幸之助在日本和歌山县出生。世家出身又是家里排行最小的一个，他的人生本应是充裕无忧的，然而却因父亲生意的失败而发生了巨变。

小学四年级中途辍学，与家人离别，9岁的松下幸之助一个人来到大阪。在这之后的5年时间里，他作为学徒在商店里度过了少年时代。尽管环境发生了巨大的变化，但松下幸之助并未放弃对生活的希望，从火盆店学徒、照看婴儿、打扫卫生到做各种各样的杂务，这一切让年少的他积累了许多经验，同时在他的内心埋下了"从商的种子"。

这一阶段的生活让松下幸之助与生俱来的商业天赋得到觉醒。1910年，16岁的松下幸之助目睹了刚刚开通行驶不久的大阪市营电车，他预感到未来将是电器的时代。

于是，松下幸之助毅然辞去已经和他有着多年亲密感情的脚踏车店的工作，进入了大阪电灯公司，做一名内线组见习工人。1917年，他从施工工人升任到公司的检查员。

检查员的工作轻松又受人尊敬，一天的工作仅用几个小时就可以完成。当很多检查员都很满意这份工作时，22岁的松下幸之助却感到非常忧虑，甚至觉得这样的工作毫无存在感。

1917年6月，刚满22岁的松下幸之助决定辞职创业，起始资金100日元，从此他开启了自己的"电器王国"。7年之后，他成为日本收入最高的人。1989 年松下先生逝世时，留下了 15 亿美元的遗产。

在 60 余年漫长的经营生涯中，松下幸之助创造了巨大奇迹：创业之初只有 3 个人的小作坊，在他的带领下变成一家跨国性企业，在全世界设有 300 多家公司，员工总数超过 25 万人。1994 年，松下电器的年营业额相当于美国微软、麦当劳与福特三大集团年营业额总和的一倍以上，至今松下电器仍是世界上最大的电器生产制造及销售企业之一。

松下电器所取得的巨大成功与松下幸之助的人生智慧和苦心经营分不开，60 多年的商海沉浮，不仅使松下电器成为全球电器的领头羊，而且松下幸之助本人也成为世界上最令人仰慕的商界领袖。

欧美人在以下三个方面特别认同松下先生：

第一，松下先生出生及成长在新旧世界交替的历史时期，经历过两次世界大战，尝尽人生各种辛酸苦难，凭借个人努力成为屈指可数的世界级企业领袖，令人惊叹。

第二，松下先生既拥有欧美企业领导者在产业领袖方面的特质，同时也具备东方哲学思想，是融合东方与西方管理智慧的集大成者。

第三，松下先生通过半个多世纪的经营实践，从哲学的角度，对人生与人类的本性做出了最好的解答，这是欧美企业领导者不易做到的。

造福人类的经营和人生哲学

无论在哪个国家的企业界，能获得成功的企业家都不计其数，但能够提炼出经营之道的却为数不多，能够成为众人推崇的"经营之神"的更是凤毛麟角。而松下幸之助，无疑在企业界建立起了一座丰碑，他不但创立了一家享誉全球的成功企业，而且提出了一套具有普遍意义的经营哲学。

松下幸之助提出"自来水经营哲学"，认为企业的使命是"大量生产物美价廉的产品"，要消除贫困，造福于人民。松下先生很推崇美国的福特先生，在观点和做法上也和福特先生类似。福特先生为了让美国人民都能开上汽车，于是下决心大量生产便宜实用的汽车，客观上也推动了美国成为"汽车王国"。而松下先生为了使日本人民都用上物美价廉的电器，创造了他的"电器王国"。以电熨斗为例，电熨斗在当时是富裕家庭才能用得起的，但是松下先生为了让更多的人用得起电熨斗，就通过技术革新、批量生产等方式，使得电熨斗的价格大幅度降下来，成为真正惠及普通民众的产品。松下电器一直抱持着这样的信念，生产出数万种电器，给世界各国带来了福音。

松下幸之助提出"水坝式经营"理念，即经营要建立起像水坝一样具有拦阻和储存河川的水，随着季节或气候的变化，经常保持必要用水量的功能。有这种调节和运用的机制，企业才能稳定发展。这种被他自己称为经营秘诀之一的"经营要留有余地"的思想，或者叫作"水坝式经营"的想法，为企业的长远发展、永续经营提供了重要的保证，是值得我们广大中小企业经营者借鉴和学习的。

松下幸之助提出"玻璃式经营法",就是指企业经营要像玻璃那样透明,让员工对企业的经营状况看得清清楚楚、明明白白。这种透明式经营不仅让员工更了解企业,催生出员工的主人翁意识,而且让他们更信赖企业,增强了向心力。

松下幸之助提出"人类是伟大的存在""人皆王者"的人类观,认为人类应该遵循宇宙自然法则,发挥万物各自的能力,以保证万物和谐共存。基于这样的人类观,松下先生提出经营要为人类的繁荣、和平和幸福做出贡献。他认为"企业即人",并不遗余力地为员工谋求更高的待遇、更好的福利及更美好的生活。在劳资关系最紧张的年代,他也一直站在员工这边,曾被评为日本"最受尊敬人物"。有人说他是一位道德的理想主义者,在尔虞我诈的商业经营中,竟能始终保持一颗"素直""坦诚"之心。他经常与一些优秀导师沟通,寻找人性之美,剔除人性之恶,并将这种感悟用到经营当中。所以,很多人说,松下幸之助是一位拥有接近完美灵魂的人。

松下幸之助提出的"素直之心"和稻盛和夫提出的"敬天爱人"同样朴素,都是经营企业的重要原则。稻盛和夫师从松下幸之助,所以二人的理念有许多一脉相承的地方,他们都顺应时代趋势,从东方文化中汲取养分,发展出一套经营和处世的哲学体系,并在企业和社会中推广践行。他们骨子里都有一种与生俱来的大爱和使命感,始于事而不止于事,始于利而不止于利。

在当今互联网时代,创业不难,持续经营才是难题;在数字化时代，获取信息并不难，甄别和决断才是难题；在物质文明高度发达的时代，生存并不难，拥有幸福感和平常心才是难题。

经营即教育的人才观

松下先生还是一位出色的教育家。

松下先生提出"经营即教育""每个企业都是一所大学"的观点。基于这样的教育观，他提出"造物先造人"的经营理念。

松下电器从一个由 3 人组成的电器制造小作坊发展成为世界级的企业，一个重要原因是松下幸之助重视培育人才。1956年，松下先生在一次人事干部研讨会上讲道："如果有人问松下电器是制造什么的，你们就要回答说松下电器是培育人才的企业，并且兼做电器产品。"松下先生不断教导人事部门："不管多忙，人才培育绝对优先。"

1946 年 11 月，松下先生创立 PHP 研究所，PHP 由英文" Peace and Happiness through Prosperity "的首字母组成，意思是"通过繁荣实现和平与幸福"。这是 PHP 研究所的愿景，即通过实现物质与精神两个层面的繁荣，创造和平与幸福。同时，这亦是松下先生的教育理念。

从创办至今，PHP 研究所已走过了 70 余年的历程，出版过大量的杂志、书籍等出版物，总结和传播先人智慧、思想和宝贵经验，探索天地自然间的真理，教育和启迪着一代又一代的年轻人和经营者。

1979 年，松下先生斥资 70 亿日元创办了后来闻名世界的

"松下政经塾"。所谓"塾",即私人创办的学校。

松下政经塾是面向 35 岁以下"年轻而富有成长潜能的人士"开展研修的学校,是培养日本未来政商界精英人才的地方。松下政经塾采用古典的方式打造政商界精英,学生们每天须操练剑道,练习书法,吟诵古文校训。在重视培养社会精英的日本,松下政经塾因其严格、另类和成效显著等特点而备受社会关注。

松下政经塾的教育理念在于强调人生基本面的出发以及回归,培养的人才类似孔子阐述的儒家士大夫,是必须"礼乐射御书数"六艺精通、五育并重的知识分子。松下政经塾同时倡导"人道精神"和"终身学习"两大核心理念,塾生通过长达 3 ~ 5 年时间,进行自我修炼和提升,以达到更高的悟性和境界。而今,40 多年过去了,松下政经塾为日本培育出众多成绩卓著的政商界领袖。

1989 年 4 月,松下先生去世时,时任美国总统老布什致电,称松下先生是"全球人民的启发者"。哈佛大学商学院教授科特写文章评论说,"就启发人性的榜样来说,他更是无与伦比"。

这就是他,松下幸之助,一位跨时代的卓越经营家、思想家、哲学家和教育家。

松下电器在中国

松下电器结缘中国

无论对于中国人还是松下幸之助,1978 年都是一个让人记忆深刻而又极为微妙的时刻。当那些足以改变中国历史走向的重要事件接连发生的时候，身处其中的人或许还看不到未来那玫瑰色的光影，除了极少数颇具前瞻性思维的人。

松下幸之助显然属于后者。也许我们无法追溯他对于中国的情愫从何而来，但从历史的角度来看，松下电器很早就开始积极关注和参与中国的经济建设。他们隔着依然浓重的雾气审视中国市场，并且极为有远见地认为，未来的中国一定会具有巨大的发展潜力。

1979 年 6 月，松下幸之助访华。很多人可能忘记这个细节，那就是，他是新中国成立后最先访问中国的国际级企业家之一，因此他受到了国宾级接待。

在松下幸之助这次访华期间，松下电器与中国政府签订了《技术协作第一号》协议，向上海灯泡厂提供黑白显像管成套设备。在 1979 年之后，松下电器为中国提供多达 150 多项技术援助，40 多年，松下电器在中国的事业就此开始。

经过技术合作、共享等一系列接触与了解后，1987 年，松下电器彩色显像管合资公司在中国成立。可以说，这是松下电器在中国迈出的第一步，也是极为坚实的一步。到今天，松下电器在中国已经有了近百家企业。

2018 年，相关媒体发表了一篇评论文章，深情回顾了松下电器与中国市场 40 年的友情。

在 20 世纪 80 年代，时任松下电器会长的长荣周作第一次来到中国，进行市场调研、工厂选址、公司试营业等前期准备工作。"第一次到中国的时候,北京还没有什么高层建筑,市政建设也比较落后。大家穿着中山装,骑着自行车。40年来中国发展得实在太快了,现在的北京、上海丝毫不输日本的东京、大阪,甚至比日本还要繁华。"长荣周作感叹道。

长荣周作表示,经过40年发展,中国已经从世界工厂变成了创新中心。现在中国在许多技术创新领域,开始走在日本前面。在这个新时代,只靠松下电器一家单打独斗已经行不通了,近年来松下电器与越来越多的中国企业成为合作伙伴,互利共赢、共同发展。

在松下电器,汉语已成为仅次于英语的第二外语,不少员工在学习汉语,负责全球家电业务的专务执行董事本间哲朗能讲一口流利的汉语。本间哲朗笑言,公司高层出差,一多半是去中国,中国市场对松下电器来说越来越重要了。

本间哲朗表示,改革开放40年来,中国国内家电厂商的实力越来越强,松下电器面临更大的竞争压力。随着中国国内消费升级,高端家电、智能家电的需求越来越大,松下电器也在积极调整战略。以前是有什么在中国就卖什么,现在必须更好地理解"中国需求",为中国消费者提供定制化的服务和产品。

这40年就是松下电器与中国共同成长、共同收获幸福的40年。松下电器40余年为中国培养了大批人才,他们今天也活跃在松下电器内部和众多的中国企业中。

中国企业家的管理启蒙者

松下电器是中国改革开放 40 余年的见证者，也是深度参与者。他们为中国人民生活水平的提升做出了卓越的贡献，影响了中国一代代企业家去重塑管理理念、生产方式和企业文化。

1984 年，刚刚创业且举步维艰的张瑞敏急需寻找精神的驱动力，他通读了松下幸之助的所有著作，并且首次将松下电器提出的"5S 管理"等现场管理模式引入海尔。

1994 年，张瑞敏在生产班组管理上首次提出"日事日毕、日清日结、日结日高"，后来被称为"OEC 管理法"，这是借鉴了松下电器"日事日毕、日清日结"的管理模式；在渠道建设方面，海尔率先打造的专卖店也是源自松下电器的启发；海尔强调服务取胜，推行"真诚到永远""24 小时服务"等服务理念，这同样深受松下电器"服务第一，销售第二""顾客至上"的经营观影响。

甚至有人说，张瑞敏就是中国的松下幸之助。而张瑞敏自己则说："80 年代初国内能找到的只有松下幸之助的那些大厚书，所以一开始在企业质量管理的办法上，我借鉴的都是松下的东西。"

2001 年，华为总裁任正非在《北国之春》一文中曾写道，在松下电器，无论是办公室，还是会议室，或是通道的墙上，随处都能看到一幅张贴画，画上是一艘即将撞上冰山的巨轮，下面写着，"能挽救这条船的，唯有你"。其危机意识可见一斑。在华为公司，我们的冬天意识是否那么强烈？是否传递到基层？是否人人行动起来了？

毫无疑问，松下幸之助和松下电器是那一代中国企业家的管理启蒙者。

2018 年 12 月 18 日，在中国纪念改革开放 40 周年之际，松下幸之助获得了"国际知名企业参与中国改革开放的先行者"的荣誉称号，被党中央、国务院授予中国改革友谊奖章。2020 年 7 月 21 日，在企业家座谈会上，习近平主席赞许松下先生"既是管理大师，又是创新大师"[⊖]，对这位日本友人给予至高的评价。

⊖ 本部分内容摘自中华人民共和国中央人民政府网。网址：http://www. gov.cn/xinwen/2020-07/21/content_5528791.htm

第一部分

经营哲学

经营法则

第 一 章

自来水经营哲学

"使产品像自来水一样充足而廉价,是每一位经营者应该追求的目标,也是其义务和使命。"

何谓"自来水经营哲学"

"自来水经营哲学"是松下幸之助对企业经营使命的比喻,也是他的核心产品观,关于"自来水经营哲学"的起源,我们来看一则故事:

有一天,松下幸之助在路上行走,看到有路人拧开路边的自来水龙头,痛快地喝水。虽然有人责怪路人粗鲁无礼,但没有人斥责他偷水喝。

这时,一个念头闪电般从松下幸之助的脑海中掠过。对啊,大量生产物美价廉的产品,不正和自来水一样吗?自来水是好产品,大家都需要,价格也是大众都能接受的。

由此他开始思考,经营者的使命是什么?那就是要消除贫困,让贵重的生活物资像自来水一般无穷无尽。无论多贵重的东西,如果能增加它的数量,以接近无偿的价格来供给。这就不仅能带来物质上的丰富,也能够使精神变得充盈。通过物质的丰富，人们的精神变得富足，使人们幸福，给世界带来和平。

虽然松下幸之助自己从未将这种观点称为"自来水经营哲学"，但随着它的广泛流传，街头巷尾，人们普遍将其称作"自来水经营哲学"或"自来水哲学"。

我们给它下一个定义：所谓"自来水经营哲学"，指"使产品像自来水一样充足而廉价"是每一位经营者应该追求的目标，也是其义务和使命。经营者的使命就是要克服贫穷，造福社会，为人民建立幸福的乐园。

《论语》中，孔子去到贫穷国家时会说，这里首先要实现经济上的富足，然后再教导为人之道。《管子》里也有"仓廪实，则知礼节；衣食足，则知荣辱"的描写。这样的观点后来被松下幸之助进一步发展，他提出了通过繁荣实现和平与幸福的"PHP 运动"，这与"自来水经营哲学"的核心思想一脉相承，两者的核心产品观都是"物美、价廉、量大"。

经营者、企业家如果不向"大量生产物美价廉的产品"这个目标发起挑战，技术就不会得到进步，也不会产生新的创意。接下来，企业就会像温水煮青蛙，一定无法实现持续经营。

也许有人会说，"卓越的产品"这个概念与"廉价""大量"的概念是相互矛盾的。想要生产"卓越的产品"，就要费功夫，成本也会变高，要"廉价""大量"地生产是非常具有难度的。但为了把不可能变成可能，科学家、技术人员、经营者拼命地研究，以至于我们今天能看到为生产"大量物美价廉的产品"而带来技术革新。

"卓越的产品"不仅指产品的品质高、性能好、便利性强，还包括是否真材实料。如果使用的是破坏自然、有害人类的材料，就算性能再好、再方便，那也不是"卓越的产品"。在今天，环境问题已成为重要课题，生产"卓越的产品"将越发重要。

"价廉"仍然是我们要追求的，它指买卖双方都认可的价格，追求合理的利润、合理的定价，这是产业人、经营者、企业家不停追求的永恒命题。

松下电器的实践

松下幸之助一生都在实践着"自来水经营哲学"。

当市场上的自行车电池灯普遍存在寿命太短、性价比低的情况下，松下幸之助带领技术人员对电池车灯进行改良。经历了 6 个月的反复尝试后，一款可以持续照明 30 ～ 50 个小时的炮弹型电池车灯诞生。这是划时代的产品，售价比传统的蜡烛灯还要便宜。

当市场上的熨斗在全国的年销量不足 10 万个，并且价格很高，普通家庭使用不起的时候，松下电器设立电热部，计划生产熨斗，初心是希望将这种方便实用的产品以更便宜的价格提供给更多的消费者。既要把熨斗的价格降下来，同时还不能牺牲品质。相反，还要把产品设计与性能提升一个层级，这是莫大的挑战。但松下幸之助坚持要实现这一目标，他的办法是批量大规模生产。但销量如果上不去的话，将给公司带来巨大的风险。最终结果如何？松下电器的开发制造人员仅仅用了3个月时间，就开发出新产品，销售价格比原来降低一半，这种新型的熨斗被冠以"超好"商标，深受消费者喜爱，市场销售远远超出预期。

当市场上的收音机故障频发、品质差的时候，松下幸之助在公司完全没有专业知识和技术积累的情况下，下定决心，自主开发新型收音机，并指示研发部立即着手。经过研发部夜以继日的艰苦努力，松下电器终于在3个月后开发出接近理想状态的收音机。恰好当时日本广播协会正在募集收音机的最佳方案，松下电器的收音机试着应征，竟然获得了一等奖。松下电器由此成功开发出故障少、品质优、深得用户喜爱的收音机，松下收音机的名声逐渐响彻全日本。

松下幸之助总结说："但凡做事，先不要考虑事情的难度，秉持'只要去做就一定能做好'的信念，事情就能做成。"可以说，松下电器的成功，是不断通过技术突破，然后大量生产物美价廉产品的"自来水经营哲学"的实践成果。

影响世界的经营法则

受松下先生"自来水经营哲学"的影响，优衣库创始人、日本迅销集团董事长柳井正，将旗下服饰品牌优衣库打造成"物美价廉"的代名词。

"衣服卖得最好的店应该是什么样子?"从开设第一家优衣库专卖店开始,柳井正就没有停止过思考这个问题。区别于流行时装和个性很强的服装,柳井正将优衣库的产品定位于穿着舒适、老少皆宜、做工讲究的生活装,志在满足大多数消费者的需求。

于是,优衣库的目标定位是无年龄差异、无性别差异、无身份地位差异的市场。优衣库的商业逻辑是成本最低,目标是制造出所有人都可以穿的基本款衣服。优衣库每年推出的服装只有 1000 种款式,而其他同等规模的服装品牌则远超过这个数字,甚至有过万个款式。这种单品量大的产品策略让优衣库成为一台高效运转的爆款制造机,优衣库的爆款产品销量常常可以达到上亿件,这也能确保其价格优势。

柳井正的商业哲学很朴素,就是要打破"便宜没好货"的魔咒,真正做到"物美价廉",这也成为优衣库的"高远目标"。

为实现这一目标,柳井正提出了三个"极致追求"。

一是成本控制的极致追求。优衣库选择让大部分商品走基础款设计路线,并力求将高品质、大众化价格理念融入基础款。优衣库的在售产品中基础款常年保持在 1000 种左右,远低于同行业平均水平,这大大降低了原材料采购成本和库存成本,且不受每年最新风格和潮流所影响。

二是运营效率的极致追求。优衣库采用自有品牌专业零售商模式,从原材料采购、设计研发、生产、销售,全供应链压缩流程，提升效率，拥有行业内一流的快速反应能力。

三是对品质的极致追求。除了全流程严格质量管控外，优衣库提出三个月无理由退换货政策，从顾客的退换货中，优衣库搜集了大量的客户反馈和产品的意见，让"挑剔"成为优衣库所追求的产品精神。

柳井正提出他的经营者使命，即"为使人们幸福而存在"，这与松下幸之助所倡导的"消除贫困、使物质丰富和精神富足、建立幸福家园"的观点是一脉相承的。在中国，海尔的张瑞敏，一直以松下电器作为学习的榜样，把产品的质量当作企业的生命；小米今天的成功，最重要的原因也是其把"物美价廉"做到了极致。

"自来水经营哲学"是松下幸之助一生经营活动的总结和写照。这一经营思想对松下电器到底有多重要呢？这里有一个关于松下电器成立"时间差"的故事。

松下电器创始于1918年3月24日，但翻开松下电器的企业史，你却发现其成立时间是1932年5月5日，这一"时间差"整整错位14年，难道作为创始人的松下幸之助会搞错吗？

原来，松下电器刚创立时，松下幸之助便提出"产业人的使命"，即通过大量生产物美价廉的产品，来满足社会需求，消除贫穷，使人间变成幸福的乐园。实际上就是提出了"自来水经营哲学"。但创业的前面十余年，员工根本无法理解这一理念，只有松下幸之助一个人在呼吁。

松下幸之助回忆说，到了 1932 年前后，大部分员工才完全理解、接受这一经营理念，并将它转化为工作的动力，最终形成企业统一的价值观。所以，在编写企业史时，松下幸之助重新定义企业成立时间为 1932 年，此前的 14 年统一划入筹备期。可以说，松下电器是全球范围内筹备时间最长的企业，14 年筹备什么？只为一个经营理念。

这个经营理念，就是影响世界企业史的"自来水经营哲学"。同时，为了实现这一"产业人的使命"，松下幸之助定义松下电器 250 年的经营愿景，并将其划分为 10 个阶段，每个阶段 25 年，每个 5 年一个计划。这样，每位员工都清楚自己每个 5 年的付出，在整个松下电器 250 年的生命周期里，承担着怎样的角色和使命，每一位付出者终将被历史所记录。

直到今天，"自来水经营哲学"仍然在世界范围内发挥着极大的作用，造就一批又一批卓越的经营者。

水坝式经营

"最重要的，也是首要一点，是你真的想要从事水坝式经营。"

何谓"水坝式经营"

1965 年，松下幸之助曾向日本中小企业的经营者传授一项极其重要的经营法则。他说："经营一家企业，应该像在河边修建水坝来储存水一样，要做到从容不迫。"

　　言毕，在场的约 400 位经营者中，有一位举起手来提问
说："松下先生您讲得虽然有道理，但是这很难做到。怎样才
能建起经营的水坝呢？如果我们连水都没有怎么办呢？"

　　松下幸之助从容地答道："最重要的，也是首要一点，是
你真的想要从事水坝式经营。"他的回答引来现场一片笑声，
大家纷纷议论："这算是什么答案啊？"

　　然而，在这 400 人当中，却有一个人受到了极大的震撼。
他就是刚刚创立京瓷不久的稻盛和夫。那时，稻盛和夫正为
如何开展经营一筹莫展。后来，他回忆道："当时，我真的有
所感悟。如果抱着让人传授一些模棱两可的简单方法的念头，
你是不可能做好经营的。重要的不是如何实现，而是自己首
先要有预期，有思路，有强烈的愿望。这很关键，松下先生
说的就是这个意思。能如此高屋建瓴、一语道出经营的本质，
松下先生真的很伟大！"

　　那时，松下幸之助的事业也才刚刚起步，远没有后来被
誉为"经营之神"的声望，很多人听了演讲后，都不怎么满
意，因为他们希望听到企业成功的经验或秘诀。事实上，他
们大部分人没能理解松下先生"水坝式经营"的精神内核。

　　"水坝式经营"是一个形象的比喻，是松下幸之助通过对
经营实践的总结，并根据个人感悟、充分思考之后所提出的
经营哲学。

　　我们来给它下一个定义，所谓"水坝式经营"：就是像水
坝那样去拦阻和储存河水，随着季节或气候的变化，经常保

持必要用水量的功能。有这种调节和运用的机制，事物才能稳定发展。企业经营也必须像水坝一样具有调节的机制，即使外在形势有所变化，也能做到永续经营。

经营要留有余地

"经营要留有余地"，是"水坝式经营"的核心理念，也是松下幸之助成功经营的秘诀之一。只有遵循这种方法，企业随时做好准备，各项资源都能运用自如，那么无论企业遇到什么困难，都能稳定地发展下去。

这一核心理念落实到应用层面，建立水坝可使经营具有调节机制、转换机制和缓冲机制三项核心功能。

首先是调节机制。水坝可在水量剧增时蓄水，也可在水量骤减时放水。对于企业来讲，"水坝"可以调节市场的供需平衡。通俗地讲，当市场行情好的时候，公司经营景气的时候，企业就要适当地储存资金，更新设备，引进优秀人才，同时增加对技术的研发投入，增强企业的整体竞争力，保留一定的后备力量。换言之，在经营核心要素上要保留宽裕的"水"作为储备。

在经营的核心要素中，资金是最重要的一项，所以建立"资金水坝"十分关键。假设经营一个事业需要 1000 万元资金，那么你可能需要准备 1200 万元或是更多，因为当 1000 万元不够用的时候，你有周转的资金以备使用，否则事业可能在最后一刻功亏一篑。

　　关于资金问题，松下幸之助发表过他的建议。日本在一段时期内流行这种做法，即银行要求公司把贷款的一部分再存入银行，许多企业指责银行这样做毫无道理。松下幸之助却说："50多年来，我每次从银行贷款，假如需要100万日元的话，我会借200万日元，然后多出的100万日元我会原封不动地放入银行作为定期存款。这样做看起来好像不划算，但我不这么认为，我把这100万日元当成保险金，在急用的时候可以随时提出来，而且银行也会十分信任我。"

　　实际上，这是松下幸之助建立资金水坝的一种做法。此外，企业的设备应留有一定的剩余储备，如果只有当生产设备达到100%的使用率时企业才会赢利，那对该企业来讲这将是非常危险的。倘若必须让使用率达100%才能赚钱，那么当市场需求一旦增加，或在紧急时刻机器出故障无法运行时，这将会对企业造成重大的损失。同样，人才也应该有一定的剩余储备，留出一定的人才作创新或必要时的替补。这就是"设备水坝"和"人才水坝"。

　　再来看水坝的转换机制。

　　松下幸之助曾经在商界研讨会上曾说过，河水是老天赐予的礼物，不能让河水不创造价值白白流走。修建水坝不仅可以蓄水，还可将水力转换为电力。企业面对各种各样的外部资源，建立相应的转换机制是将资源有效利用的重要途径。雷军因为"小米社区"的建立，将大众的建议转换为有效的消费需求，从而指导产品的研发设计，便是"水坝式经营"

智慧的有力诠释。

商业环境动荡多变，企业若想维持稳定的客流量，可以将"水坝式经营"智慧引入企业，建立一种机制，留住顾客，培育并转换客户群。在建立水坝并转换客户方面，全球知名零售巨头美国 Costco 公司就是利用会员制度，把松下先生的"水坝式经营"理念展现得淋漓尽致。

1976 年创立的 Costco 是美国最大的连锁会员制仓储量贩店，它自成立以来即致力于以可能的最低价格为会员提供高品质的品牌商品。截至 2020 年年底，Costco 在全球拥有 795 家门店，销售额 1630 亿美元，付费会员超 1 亿，在福布斯 2020 年全球品牌价值 100 强中排名第 79 位。

Costco 的创始人辛尼格的创业梦想，是创立一家可以至少存活 50 年以上的企业。Costco 的商业模式很特别，自成立以来主打预付费会员制，只有缴费成为会员或同伴持有会员卡的顾客才能进店消费，"要进店买东西先要交会员费"可能是这家公司最牛的地方。

Costco 的预付费会员模式，与"水坝式经营"理念十分契合。一方面通过获得客户的先期会费投入，在一定程度上形成"将顾客像河水一样储存起来"，建立起企业的水坝，提高了客户转向其他平台的转换成本；另一方面，Costco 的客户定位是中产阶级，这部分人群的特点是时间宝贵。Costco 通过聚拢同质人群，优选商品品类，致力于产品"少而精"，降低采购成本，同时培养会员的消费习惯，培育稳定的客户群体。

不同于传统零售依靠差价赚取利润的经营模式，在Costco 的会员模式下，会费是企业的主要的盈利来源。2020年的财报数据显示，会费收入构成其净利润的 73.5%。

因此，发展会员成为 Costco 最重要的目标，也成为其利润增长的主要来源，当美国国内市场已经开始饱和的时候，Costco 开启了全球化扩张之路，在世界各主要城市"跑马圈地"，建立起庞大的客户会员网络，这也是"水坝式经营"的智慧。

Costco 的创始人辛尼格曾说，我一直在思考着如何降价引流，我们最重要的是将我们的会员留住，并让他们每年续费。

"苏打水＋热狗"套餐是 Costco 最为经典的产品组合，售价 1.5 美元，每年可以卖出 1 亿多套，这是 Costco 的一个重要引流产品。一次，一位公司高管向辛尼格提出一个利润增长的方案，那就是每份套餐提高 0.5 美元的售价。辛尼格听后大发雷霆："一直以来我思考的都是如何再降价 0.5 美元。"

综观 Costco 的整个经营理念，与松下幸之助所提倡的"水坝式经营"有异曲同工之处。通过会员制将顾客储存在水库中，坚持"低毛利＋低成本＝低定价"的经营法则，做到物美价廉，并借此留住客户，并不断提升会员续签率，实现水坝式经营的转换应用。

水坝的第三个功能是缓冲机制。

　　经济有涨有落，市场瞬息万变，任何一个企业，经营过程绝不可能一帆风顺。因而，水坝的建立在一定程度上缓冲了恶劣环境带来的冲击。

　　与之相契合的是，企业可以建立"心理水坝"，从企业创始人、高层管理人员到基层员工，每个人都应存有忧患意识，要对环境变化有足够的心理准备，以不变应万变，遇到困难或问题时才能迎刃而解。

让企业免于危机

　　"水坝式经营"的本质，是避免经营过程中的周期性震荡，减少不确定性对企业的冲击。

　　2020年发生全球新冠肺炎疫情时，很多中小企业措手不及，没有现金储备的企业很快就坚持不住了，只能扼腕叹息。同时，由于疫情影响，很多企业的供应链出现断裂，原材料价格暴涨的情况，没有建立"库存水坝"或"原材料水坝"的企业，也会出现无法正常生产的情况。经营企业，我们永远不知道下一次风险或市场震荡会在什么时候发生，但我们应该预先建立起自己的水坝，要有忧患意识，对环境变化有足够的预期和准备，以不变应万变，才能确保企业基业长青。

　　"水坝式经营"对中国广大中小民营企业有非常大的启发作用。中国改革开放40多年来，民营企业像雨后春笋般迅速成长，但不少企业在取得一时的成功后，往往没几年就迅速走向衰亡，形成"各领风骚三五年"的局面。造成这种局面最根本的原因就是企业过度扩张，而未建立起自己的"风险防范水坝"。

《冰与火之歌》中说："混乱是阶梯"。每逢时代的危急时刻，是英雄辈出的时候，是符合时代发展趋势的新事物萌芽和成长的时候，同时也是脱离时代轨道的旧事物消亡的时候，是时代大洗牌的时候。

而此时，机会总是留给有准备的人的。而你，准备好了吗？

玻璃式经营法

所谓"玻璃式经营法"，简而言之就是企业经营要像玻璃那样透明。

何谓"玻璃式经营法"

"玻璃式经营法"诞生于松下电器创业早期，是松下幸之助影响世界的另一个重要经营法则。松下幸之助把企业经营公开透明化的做法概括为"玻璃式经营法"，后来上升到"经营哲学"的高度。

起初，松下电器还是由几个人组成的小作坊，生产与销售混在一起，发明、研制与制造无法区分，甚至生产与生活也融合为一体。在这种情况下，白手起家的松下幸之助，没有老板与雇员之间的界限，所有人可以说都是合伙人。所以，松下幸之助要随时把经营情况通报给其他人。由此，形成了松下幸之助的"玻璃式经营法"的经营习惯。

松下幸之助说："企业的经营者应该采取民主作风，不可以让部下有依赖上司的心理而盲目服从。每个人都应以自主的精神，在负责的前提下独立工作。所以，企业家更有义务让公司职员了解经营上的所有实况。"

"玻璃式经营法"实际上主要是关于企业内部管理的内容。松下幸之助曾经解释说，最初是天天算账，当经营略有扩大、开始规范化时，便让会计把每个月盈亏情况向所有员工公布。在松下电器，这是习惯和常态，与当时的其他企业相比，这是一种特立独行的做法。

松下幸之助很快发现，这种做法具有明显的经营优势，因为其他企业都不这样做，有的老板本人也糊里糊涂，一旦家大业大就不清楚整体的经营状况，不具备透明公开的基础。松下幸之助则不一样，他对经营状况滚瓜烂熟，公开盈亏，同时公开每位员工的贡献情况。这一举措，正面效应十分明显，相对于其他企业的员工，松下电器的员工都能清楚地看到自己的努力成果，同时也能感受到老板的诚恳和信任，由此催生出员工的主人翁意识，员工的士气也得到提高。

还有技术公开，也是松下电器的一大特色。在许多大企业里，技术是严格保密的，普通工人只在流水线上操作一两个工序，技术机密是不允许他们过问的，而松下幸之助却主张将技术公开并传授给普通工人。

曾经在创业初期，松下幸之助为一项合成材料的技术而受尽磨难，后来还是得到一位昔日同事的帮忙才突破了技术难题，找到了配方。而后，松下幸之助在招收和培训员工时，却将这项技术公开给他们，让他们掌握这项技术的要领。当时就有人警告松下幸之助说："松下君，松下君，你把机密公开了，将来是会受害的，你要多多考虑才是！"

而松下幸之助不以为然，他说："如果所有的技术都被当作最高机密，只有经营者掌握，那么经营者自己就需要在制作流程中亲力亲为，这样是挺不合算的，而通过信任员工，把技术和用人、育人联系起来，可以大大提升效率。至于机密问题，我认为企业最终没有什么是机密，只要保持不断创新，就能保持领先。"

事实证明，松下幸之助的做法，团结了许多人，活用了人才，在经营效率和技术创新上，一直引领着整个行业和市场。

松下电器 250 年经营目标

除了财务、技术的公开透明，明确经营目标也是"玻璃式经营法"的核心内容。松下幸之助向来注重向部下和员工明确提出公司的经营目标，不仅年年月月如此，他还制订松下电器的"五年计划"，像政府制定规划那样指明远期目标。

1933 年的松下电器创业纪念日，松下幸之助组织全体员工开会，宣传松下电器的使命，并做出了长达 250 年的远景规划目标，详述了实现自己经营理念的设想，讲话概要如下：

"从今天起往后算 250 年，作为达成使命的期间。把 250 年分成 10 个阶段。再把第一个 25 年分成三期，第一期的 10 年，当作建设时代；第二期的 10 年，当作活动时代；第三期的 5 年，当作贡献时代。以上三期，第一阶段的 25 年，就是在座的各位所要活动的时间。第二阶段以后，由我们的下一代，用同样的方法重复实践。第三阶段，也同样由我们的下一代，用同样的方法重复实践，依此类推，直到第 10 个阶段。换句话说，250 年以后，要把这个世界变成一片物质丰富的乐土。"

当时，员工们听了松下先生的演讲，纷纷上台发言，群情振奋，士气高昂。这种公开目标的方式唤起了员工的责任感和面对工作的热情。

公开企业经营实况，也是"玻璃式经营法"的重要内容。有些经营者，总是把经营实况掩盖起来，不论好坏。松下幸之助则有不同的做法，好的时候，他把喜讯带给员工，请大家分享成功的欢乐；坏的时候，他如实地把一切都讲出来，依靠大家的力量共渡难关。可以说，松下电器之所以能一次次顺利度过这样那样的危急时刻，能够在别的公司员工罢工的时候却获得员工的支持，这和他向员工公开经营实况是分不开的。

实质是对人的尊重与信任

松下幸之助的这一经营理念渐渐被一些有远见的企业家

接受并效仿。

稻盛和夫在松下幸之助所提倡的"玻璃式经营法"的基础上，更是明确将"透明经营"写入京瓷的经营原则中，并强调说"不但企业高层要知道员工在干什么，而且员工也要了解高层在干什么"。为了落实这一原则，稻盛和夫强调领导者要严格自律，公正无私，如实向员工提供企业的各种信息，即便有"不好的事"，也不能肆意隐瞒。

"透明企业"被越来越多优秀的企业所接受，通过采取透明化经营，让"污垢"在企业内部无容身之处，杜绝了滋生官僚主义的土壤。通过实现透明化经营，加强组织成员之间的信息共享与交流，决策速度加快了，这是"化解大企业病"的必经之路。

福耀玻璃的曹德旺，演绎了中国版的"玻璃式经营法"，他立志要为中国做一家像玻璃般透明的企业。

信奉事无不可对人言的曹德旺，将这一性格烙印于福耀玻璃身上，以做到规范，做到公开透明为经营原则。"我把真实情况都公告了，怎么判断是你的事。"曹德旺说，福耀玻璃从不预测利润，也不做业绩承诺，但会努力将公司各方面信息进行公开披露。

透明是玻璃的基本特性，曹德旺也将透明作为公司治理追求的目标之一。作为中国最早的上市企业之一，坚持透明原则的福耀玻璃得到了资本市场、投资者和监管部门的信赖和支持，抵御住了重大风险，如今福耀玻璃成为公司治理的优秀典范之一。

以上两个案例，分别从对内和对外两方面印证了"玻璃式经营法"对于建立企业文化、加强公司治理方面的作用。我相信一个现代经营者如能做到松下幸之助所提的"宁可让每个人都知道，也不让任何人心存依赖"，定能在同事之间激起一股蓬勃的朝气，推动整个事业的发展。

松下幸之助所主张的"玻璃式经营法"，其实质就是对人的尊重与信任。而构成一个企业，其中最关键的因素就是人。充分调动人的因素，企业就会充满生机与活力。从另外一个角度看，企业是属于全体投资人的资产，是全体员工赖以谋生的工作平台，是国家财政的基础，更是社会供应链上不可或缺的一环。

"日日新"经营思维

所谓"日日新"经营思维，即时时求新、日日创新的经营管理思想。

日新又新

3000多年前，中国商朝的开国君主商汤在他常用的盘子上刻下自己的座右铭："苟日新，日日新，又日新"。

这句话的真正含义是：我们应该抱着"日新又新"的心理观察每一件事情，如能确切实行，自己的思想会越变越新。在一个变化相对较缓的时代，商汤能够有"日新又新"的观念，真可谓是一位伟大的领导者。

大约在 2500 多年前，佛祖释迦牟尼提出"诸行无常"，意思是世间一切事物并非一直如常，而是时刻变化着，换句话讲就是"万物日新月异"的意思。古希腊哲学家赫拉克利特也提出"人不能两次踏进同一条河流"，即世间万物没有什么是绝对静止和不变的，一切都在运动和变化着。

因而，在日新月异的时代，企业领导者抱着守旧的思想和态度，那是行不通的。松下幸之助在研究前人思想的基础上，提出他关于宇宙、自然与人类发展进化的哲学观，即"生成发展观"。这一哲学观点用于企业经营方面，就是"日日新"经营思维。所谓"日日新"经营思维，即时时求新、日日创新的经营管理思想。

1953 年 1 月起，松下幸之助每月都会在员工的工资袋里放一张寄语卡片，卡片采用双色印刷，文字大约有 700 字，这就像他写给员工的家信一样。

当时，松下电器进入快速发展期，公司员工人数倍增，营业额每年翻番，然而，松下幸之助与员工们直接见面和交谈的机会却大大减少，这种距离感让他感到苦恼。他觉得需要想办法让员工了解公司的理念和自己的思想，让大家从工作当中感受到价值和生活的意义。大概出于这样的想法，松下幸之助才想出在员工每月的工资袋里放寄语卡片的方法。

现在很多企业的经营者运用内部邮件等通信工具向员工定期发布信息，你或许并不会感到新奇，但是在 20 世纪 50

年代，很少有经营者会想到这样的沟通方式，这就是松下先生的"小创新"。

松下幸之助在给员工的寄语卡里贯穿的是"日日新"思想。他认为，大自然、宇宙正在不断生成与发展，他说："生成发展就是'日日新'，旧的东西死亡，新的东西产生，今天比昨天新，明天又比今天新。"他呼吁我们要秉承这样一种认识，即我们是在这个无限生成发展的世界中进行企业经营工作的，我们要追求一种今天比昨天、明天比今天、各方面都"日日新"的经营理念。

在接近 8 年时间里的每月的寄语卡片中，看似无足轻重的留言也随处可见"日日新"思想，松下幸之助坚信，员工们在日常的工作和生活中，如果不拘泥于陈旧的想法与做法，用革新与创新的观点来看待事物、处理事情，那么经营必将走向成功。

新时代，新方法

当"日日新"运用在领导力上，松下幸之助提出"新时代，新方法"的理念。

企业领导者应该敏锐地观察世态的变化，时时产生新的领导观念。有了新的领导观念，经营者就会不断寻找达成经营目标的新方法，而不拘泥于过去的思想和做法，这是作为一个企业领导者不可或缺的重要条件。

当今，世事纷杂，瞬息万变，与昔日相比，进步和发展的步伐加快，经营者切不可"十年如一日"地推进企业的经营管理，而应该积极进取，不断求新求变，企业才能获得长足的发展。

1979 年 11 月，松下幸之助应日本新经营者形象理事会理事长石山四郎的邀请，与美国著名企业家路易斯·勃兰先生对"巨变时代企业面临的十大难题"进行公开讨论，其中一个问题是"企业如何持续生存？"。问题讨论围绕着"企业会不会被淘汰"，以及"如何使企业持续保持活力"等展开。松下幸之助阐述了他的观点："企业必须适时发布新目标，这就是企业的理想。根据理想制定具体目标，这能使企业保持活力。若自己满于现状，怠慢工作，企业必定会老化，甚至遭到淘汰。万事万物都在随着时代的变化而求新。如果反复做同样的事，人必会厌倦；如果维持现状，企业也必定会落伍。因此，在你厌倦之前，就必须不断地创新。"

"勃兰先生讲到汽车大王亨利·福特的经验教训，曾经创造了一个划时代进步的福特先生，被后起之秀通用汽车公司击败了。这个实例告诉我们，不论如何伟大的成功者，如果不能日益求新，终会遭到淘汰。像福特这样的例子，在现实中，比比皆是。经营者必须树立'日益求新'的观念，保持年轻的心态，不断地自我检讨。如果你失去了心理上的青春，必须让适当的人来接棒。"

有人说："昨天的形象不可以延续到今天，今天要比昨天更进步才行。"即使今日看来很完善的事，到了明天，又会有新方法、新路径出现。在经营上，得过且过的态度，是令人忧心的事！安于现状、故步自封，不求新向上，降低对事业的热情，终将被时代潮流所遗弃！

人类自有无数的道路可行，亦有无限的目标可供奋斗。最重要的是，凡事不畏艰难，抱定"事在人为"的决心，以饱满的热情和诚意专注于工作，创造性的观念和做法就会不断产生。

人才应该在日新月异中进步

关于人才发展，松下幸之助提出"人才应该在日新月异中进步"。

不墨守成规，又能经常具备新观念的人，才是企业所需要的人才。以公司基本的经营方针为根基，再加上个人的创意发挥，使每个人都能"人尽其才"，这是松下电器经营的理念。

"现在，公司内各种组织必须时刻加以检讨，确立新事物，树立新观点。松下电器的组织架构不断地调整变化，有人说这影响'专心工作'，我说，善变多变，并不是改变，是一种进步，形成新的形态就是一种进步，这不是衰老的现象，而是进步的表现。"松下幸之助说。

生产符合时代需求的卓越产品

关于产品制造，松下幸之助提出"生产符合时代需求的卓越产品"。

人世间一切事物并非一直"如常"，而是时刻变化的，这就是日新月异的意思。例如，松下电器现在不再制造 30 年前的产品了，即使再制造，也不会有人购买了，企业必须时常更新产品，生产符合时代需求的好产品。一个行业进步愈快，竞争愈激烈。竞争愈激烈，创新的力度愈大，被淘汰的企业愈多。

"日日新"是松下幸之助对自己提出的要求，也是对每一位员工提出的要求。一位松下电器老员工在口述故事中提到一件事，恰好说明了它的重要性。

某天，松下幸之助在不打招呼的情况下来到营业现场。他走到企划科长的办公桌前，拿起偶尔摆放在桌上的自行车车灯，问："现在的开关设计有变化吗？"

企划科长回答说："没变化，还用原来的那个。"

听后，松下幸之助脸色骤变。为什么呢？因为，现在的产品与他当时生产的产品相比基本上没有变化。

他大声训斥道："这是我当年设计的，你们设计的开关装在哪里了？这些年你们都干什么了？请把工资退还给我！"

室内回荡着松下幸之助的怒吼声。随后，他面对低头弯腰致歉的科长说："我知道你能做好。我现在仍然信任你！"留下这句话后，他离开了营业现场。

从那以后，那位被训斥的科长带领着手下一帮人奋发图强，终于打了一场漂亮的翻身仗。

华为公司的"微创新"文化，正好体现了松下先生的"日日新"思想。

这种"微创新",或称之为"渐进式创新",是相较于颠覆式创新而言的。任正非主张"在继承的基础上创新",他强调"新开发量高于30%不叫创新,叫浪费",提出"领先半步是先进,领先三步成先烈"的观点,实际上讲的都是微创新文化,创新不是跳跃式的,创新不能过于超前,否则毫无意义。

华为的创新是从学习和追赶开始的,起初它向标杆和竞争对手爱立信学习,然后通过差异化创新,逐步实现超越。从早期简单的"性价比"竞争,华为逐渐实现关键部件和技术的替代,努力提升产品核心竞争力。如:在光传输领域,公司通过关键部件的技术突破与芯片化,实现了超越竞争对手的目标。后来,华为进入了无人区,没有竞争对手可以学习,创新只能靠自己摸索,任正非曾比喻说:"爱立信就是茫茫大海中的航标灯,灯关了,华为就不知道该去哪儿了。"

华为能够从一家小公司成长为让全球客户信赖的大企业和行业领导者,得益于30多年不间断的、大量贴近客户的微创新。有一位华为老员工估计,30多年来这样的产品微创新有数千个。

华为通过产品创新获得市场上的巨大成功,正如管理大师彼得·德鲁克所说:"创新的成功不取决于它的新颖度、科学内涵和灵巧性,而取决于它在市场上的成功。"

松下幸之助的"日日新"思想,是基于他的自然、宇宙生成发展观。这种变化发展的哲学思想，影响了松下电器半个多世纪的发展，奠定了它的创新基因。而从个人来说，"日日新"思想是一种"精进力"，拥有这种思维的人，也能实现人生不断进阶，走向更加成功的未来。

长期主义经营观

所谓的"长期主义经营观"，是不以短期经济利益为决策依据，而是以利他、共生的长期价值创造作为标准，以此达到持续经营的终极目标。

了不起的女服务员

1966 年，松下电器年度销售店铺大会在日本鸟取县西部的米子市举办。按照惯例，松下幸之助前往米子市出席大会并了解当地经商环境，调研松下电器在当地的经营状况。

当时松下幸之助已是日本知名的企业家，当地的知事（级别相当于中国的省长）、市长以及工商界的领导们得知他来到米子市后纷纷前往拜会。大会结束当晚，松下幸之助住进了当地一家普通的旅馆，与白天大会的热闹喧嚣相比，夜晚的米子市显得十分寂寥、安静。

第二天早餐时，旅馆的一名女服务员认出松下幸之助，她激动地向他深深地鞠了一躬，然后话语有些紧张地请求说："松下先生，有个事情要拜托您，松下电器能不能在米子市开办工厂？我们这里位置偏僻，又缺少工作机会，越来越多的年轻人外出打工,去往大城市寻找工作,我的两个弟弟都去京都了,我们家就剩下我在照顾父母。现在米子市越来越多的老年人没人照顾,如果您能在这里建个工厂,这里有可以工作的地方,就能够留住年轻人。请您务必考虑一下。"

听闻此言,松下幸之助内心十分震撼,感慨说:"这真是一位了不起的女服务员啊!"他耐心地向这位女服务员询问了更多的信息,做了详细的记录,与前一天那些知事、市长们千篇一律的官话套话相比,这位女服务员的倾诉带给松下幸之助的信息更有价值。

"这位女服务员很伟大,是位了不起的女性!"松下幸之助的内心被深深地触动了。

20世纪六七十年代,日本的整个社会经济高速发展,但由此也带来了不少社会问题,比如地区发展不平衡、城市与乡村的差距越来越大,这些导致经济落后的偏远山区及乡村人口大量流失,年轻人大量涌入经济发达的大城市。情况正如米子市那位女服务员所说的,松下幸之助几经调研和考察,很快先是在日本九州最南端的鹿儿岛县兴建工厂,原因是这里的人口数量下降最剧烈。1970年,松下电器在米子市大山町建起了微型马达工厂,在工厂开业典礼上,松下幸之助特别邀请了那位女服务员作为嘉宾,见证这一重要时刻。

那个年代,由于交通运输成本问题,大多数企业不愿意把工厂建在偏远地区,但听了那位女服务员的请求,松下幸之助并没有过多考虑眼前的得失，他考虑的是日本整体的发展需求，要振兴地方经济，解决老年人无人照顾的社会问题。从此，松下幸之助决定将工厂、办事处设在日本全国各地。

令人感到开心的是，松下电器的做法得到了整个社会的高度好评，地方政府主动提供廉价的土地，以及优质的年轻劳动力，支持松下电器的经营生产。老年人号召大家购买松下电器，本地生产本地销售，这就大大降低了交通运输成本。媒体开展采访报道，赞许松下电器的做法支持了地方经济，一定程度解决了区域发展不平衡等社会问题，而后松下电器的品牌知名度及美誉度得到了大大的提升。

后来，松下幸之助在自传中回忆时说道："哪怕利润一时减少，也要在人口稀少的偏远地方开办工厂，承担社会责任，这是企业经营的责任与义务。"

先舍后得，先人后己。比起考虑自己公司的利益，他优先考虑解决社会问题。工厂和办事处在全国的扩张为松下电器带来了巨大的成功，松下幸之助的长期主义经营思想功效显著。

经营者要有战略发展观，把国家的未来放在心间，把社会价值的创造看得比自己企业的发展更为重要。要像松下幸之助那样，首先想到"人类、国民、社会"，格局要放大，眼光要更长远。

农夫山泉的慢哲学

农夫山泉演绎着中国版的"长期主义经营观"。有人形容说，"农夫山泉就像一名攀登者，沿着一座高耸的山峰缓慢攀爬，尽管很慢，却抢占一个又一个的高地"。

"我们是大自然的搬运工"，这是农夫山泉多年来的广告口号。从 2000 年 4 月开始，农夫山泉正式宣布停止生产纯净水，全部生产天然水。做出这一决定，农夫山泉是出于绿色健康的长期考虑，但也正式开启了一项艰难却更具长期战略眼光的"攀登之路"。寻找水源需要到深山老林或险峰峻岭的大自然中去，农夫山泉还必须在水源地周围建设工厂。当时大多数竞争对手并不看好农夫山泉的这一做法，其中一个重要原因是运输成本，这将是企业不可承受之重。

"从决定只生产天然水和矿泉水的那天起，农夫山泉就注定只能是一名孤独的垂直攀登者，注定会前进得很慢且困难重重。"农夫山泉创始人钟睒睒说。在以"快"为主旋律的现代商业世界，农夫山泉选择了垂直攀登，这个过程必然是漫长而孤独的。

钟睒睒回忆在四川峨眉山建造工厂的故事。峨眉山风景非常美，但地势也十分陡峭，农夫山泉生产基地选址在后山水源附近的山坳里，海拔达 3079 米，建筑材料无法用现代交通工具运送，最后只能选择用骡子驮上山。光驮这批建材，就花费了整整半年时间。从寻找水源、确认开发到建厂投产，整个峨眉山生产基地的建成整整花费了 5 年时间。

钟睒睒认为：选择垂直攀登，避开多数竞争对手会选择的路，然后有时间冷静地思考自己到底要什么。慢有慢的好处，你可以好好欣赏沿途的风景。"如果登顶的目标只能通过垂直攀登才能到达，我们义无反顾。"

在决定全面生产天然水的前10年，农夫山泉确实承受着远远高出同行业平均水平的运输成本，然而钟睒睒和他的团队顶住了压力，通过精细化运营和品牌化运作，降低管理成本，渐渐地平衡了运输成本。而今，20余年过去了，农夫山泉已经完成了在全国多处优质水源的布局，包括新疆天山冰川雪融水、黑龙江大兴安岭矿泉水源、吉林长白山自然涌泉水源、四川峨眉山山泉水源、浙江千岛湖深层湖水、湖北丹江口深层库水源、广东万绿湖深层湖水等，品类繁多，已全面覆盖了全国市场供应。

钟睒睒这份垂直攀登般的毅力坚持，让如今的天然水源布局成了农夫山泉最大的护城河，这是任何竞争对手短期内都无法撼动的竞争壁垒。从长远来看，农夫山泉可以在最短的时间占领某个高地，把这个赛道的其他竞争者远远地甩在后面。

"慢不一定孤独，因为目标一旦笃定，内心必然坚定。"农夫山泉的经营哲学蕴含着"慢"与"高"两种理念的融合统一。领导者钟睒睒是一位拥有长期主义价值观的经营者，更是一位具有自由探索精神的攀登者，在认知未来的路上勇敢前行。

众智经营法

征求并参考多数人意见的经营，是"依靠众智的经营"。

发问与倾听

松下幸之助常常向人发问。确实，倾听他人的意见，能够很自然地从中受到启发。尤其是在今天这个需要收集大量信息做一项工作、干一番事业的时代，倾听多数人的心声是极其重要的。

一次，松下电器空调事业部的一位年轻技术员来到松下幸之助位于京都的私邸检修空调。他大概做梦也不曾想到松下幸之助会出现在房间里，进入房间的瞬间，他一下子僵住了。松下幸之助和善地招呼道："不要紧，你检修你的。"但年轻人仍然紧张得双手直抖，改锥怎么也插不进螺钉的沟槽里。

松下幸之助开始向年轻的技术员发问："近来，你们工厂都生产什么样的产品？""你叫什么名字？""你的家乡在哪里？""你们事业部有多少人？""工作好干吗？""最近工作有没有遇到什么问题？"年轻技术员停下手中的活儿，正欲作答。松下幸之助赶紧说："没事，没事，你可以边干边说。"于是，年轻人一边干活，一边放松着回答。

松下幸之助并没有因为对方是年轻员工就随便听听、敷衍了事，而是认真聆听并做了记录。大约过了一个月，有一天，空调事业部的部长前来汇报工作。大概 30 分钟后，松下幸之助说："明白了，你辛苦了。"接着话锋一转，"嗯，你们工厂的生产线情况如何啊？或者可以对工厂的环境做一些改变。可以在这方面多注意一些……"

事业部部长惊愕了，他不明白为什么自己只字未提，松下幸之助却能一语道破。他立即答道："明白了，我马上解决。"离开的时候，部长心里一直纳闷这到底是怎么一回事。他嘀咕："松下先生简直就是神仙，自己还什么都没说，他却料事如神。"

事实上，松下幸之助不是什么神仙，他的提问及建议有一部分是参考了那位年轻技术员的话。这是他在充分了解了一线的信息后作出的判断和指示，就这么简单。

凡是被松下幸之助提问过的人都对他怀有好感。敞开心扉、真诚地询问远比嚣张地炫耀知识更令人仰慕，受人尊敬。而且，摆出想要倾听的姿态，自然会有信息源源不断地送上门来，亲自跑来跑去收集信息固然重要，但如果信息能自己送上门来，岂不是更好？松下幸之助在任何时候都以肯定的态度倾听他人建议："这个建议不错。""这个很有意思。""你的话太值得参考了。"他总是赞美他人，毫不吝惜。

事实上，向人询问是一件令人仰慕之事。在人们千变万化且复杂的内心活动中，也存在一些相通的一般性原则，如受到他人赞美会欣喜不已，期待得到他人的认可，为自己有用武之地而感到开心。

博采众长

松下幸之助把向众人询问的智慧称为"博采众长"，基于"博采众长"的经营哲学称为"众智经营法"。

相反，不听取部下意见，对下属信息反馈无动于衷的上司，是失职的上司。对于部下来说，向上司汇报工作及反馈信息是紧张的瞬间。因此，当部下努力汇报、发表意见后，如果你对他们说："你讲的这些没有什么价值。""这些事以前就在做，没什么用。你难道没有调查过吗？""你说的这些我早就知道，没必要听了。"部下会做何感想呢？大概再也不会主动带着信息来上司这里了吧。上司也就再也获取不到任何信息了。部下对其敬而远之，最后还可能导致经营的失败。

倾听是一门学问，领导者倾听的更应该是部下的"热情"，而不仅是内容本身。松下幸之助认为，部下提出的几次建议中能有一次是不错的，那就足够。松下幸之助是这样感悟的："与内容相比，尤其要对部下来找上司交谈的姿态、行动予以肯定或称赞。具体做法是肯定部下来找自己的热情，部下所言的内容、建议可以放在其次。这样才能激励部下不断地学习，和上司交谈，提供信息，提建议，出主意。思考如何能让部下讲真话，并愿意主动反馈信息，才是最重要的。"

松下幸之助在推广自己的想法时，总是尽力了解多数人的意见、建议、想法，集众人之智。其中也会有反对意见，但松下幸之助对此并不介意。他把这些反对意见看作是员工向他指出需要推进、致力解决的地方。所以，越是反对意见，松下幸之助越会认真地倾听。认真听取不同的意见，可以规避危险。松下幸之助终其一生都未曾在事业上有过大的失败，这就是因为他积极地向人发问、倾听，实践着"众智经营法"。

"众智经营"与"多数表决经营"是截然不同的。"众智经营法"是归纳众人想法后，"不偏向、不拘泥、不受限"，以素直之心倾听并参考多数人的意见、建议，得出最终的结论。松下幸之助把一切意见、建议、谏言装在心里运谋，因此会认真地倾听。

"众智经营"离不开经营者，但"多数表决经营"并不需要经营者。如果是因为大家都这样说，或大多数员工都这样说，或学者们都这样论述，而决定这样做，则无须经营者、领导者。

将多数人的意见、谏言、提议放进"思考的熔炉"，对自己最初的想法进行留存废弃作业，并实施最终的结论，经营者的绝对责任由此形成。这才是松下幸之助的"众智经营法"。

深圳市鑫信腾科技股份有限公司成立于2009年，是一家为手机、平板电脑、智能硬件等提供一站式自动化测试解决方案的企业。在10年时间里，鑫信腾公司迅速成长为服务于电子行业的智能装备生产制造领域的龙头企业。公司创始人郑国荣多年来一直实践着"众智经营"的理念，凝聚了一批追求卓越、勇于探索的核心技术人才和经营管理人才。

郑国荣先生对"众智经营"理念的实践，是通过每周五开设的"董事长开放日"来实现的，这一规定和执行"雷打不动"。

根据"董事长开放日"的规定，公司任何员工或团队，可提前预约与董事长郑国荣面对面交谈，交谈的内容不限，可以是个人的梦想、兴趣、爱好，或是家庭、个人规划，也可以是反馈公司存在的问题、团队管理的问题，所有在董事长开放日上的信息反馈，郑国荣都会认真倾听、记录，并给予反馈，有的意见甚至成为推动公司制度改革的原动力。

不少报名参加"董事长开放日"的是"90后""95后"，甚至"00后"，他们年轻，敢想，敢表达，公司的开放文化让他们不仅有表达的机会，还有表达的安全感，很多年轻员工甚至因此被提拔、重用；相比那些等级森严、"老气横秋"的企业，鑫信腾公司新员工的流失率低很多，大大降低了公司用人成本。

郑国荣曾说过，我曾经在一年之中收到将近 100 份员工建议，在公司适当方向引导下，员工给出的答案让我更坚定两个理念：一是企业一定要有培养'开放包容的土壤'，给予年轻人机会。管理人才 80% 靠培养，20% 靠外招，虽然不一定能完全实现，却给人才发展指明了方向，也稳定了人心。二是职业经理人向事业合伙人的逐渐演变，这让公司万众一心，具备冲锋陷阵的凝聚力，从而树立团队在业界的核心竞争力。

　　"众智经营"理念的底层哲学思想是认为"人是伟大的存在""每个人都是钻石""一切经营的出发点是对人的尊重"等。一个人需要"博采众长",一家企业需要"众智经营法",如此才能让企业持续发展下去。就如松下先生所说:"作为经营者,没有比向部下发问更划算、更快、更好的方法了。"

决策艺术

第 二 章

决策构筑的"人生进阶法则"

"反复叩问，当断则断。担得起责任，理得清是非。"

——松下幸之助

我们每天都需要做不同的决策，无论是生活上的问题还是人生中的难关，抑或是工作上的难题或是企业经营大计。生活方面如一次家庭旅行、房子装修或是孩子教育等，企业经营方面如一个新产品研发、一项市场营销投入或是一次重大收购等，类似这样需要我们决策的事情可谓层出不穷。

事实上，人生中有的问题难以决策，有的问题是我们不愿意决策。尽管如此，如果我们不做出决策，敷衍度日，事情摆在那里不会有任何进展，问题得不到解决，新局面就难以呈现。

因此，松下幸之助说："学会决策是我们经营企业、经营人生的一项极其重要的工作。"面对问题，我们需要拿出勇气来决断，当断则断，这是工作和生活对我们提出的要求。

我们时常会踌躇不定、不知所措，这是人之常情。正因为如此，我们要汲取他人的智慧，博采众长，反复叩问，力求做出准确的判断和决策。

实际上，决策是一门综合的艺术。在日常生活和人际交往中，正是我们做出了适宜的决策，才能共同度过更加美好的人生；在企业管理中，正是领导者做出了正确的决策，才能让企业持续经营。

松下幸之助传奇的一生中，决策不断，有些是主动决策，有些是被动决策。每一次重大的选择，都让他的人生不断登上新台阶，也让他的生命经历着不一样的精彩。正是这一次次智慧而精彩的决策，构筑了松下幸之助不凡的人生故事，正如他自己所说的，一次次正确的选择成就了他的"人生进阶法则"。

我们来回顾松下先生一生当中主动或被动地选择与决策的往事：

因父亲生意失败，松下幸之助小学四年级就被迫辍学，9岁时被送到宫田火盆店当学徒，之后转到"五代自行车"店做佣工，这些都是无奈的"被动选择"，然而这些经历让年少的松下幸之助尝遍了人情冷暖，理解了底层人的生活，也积累了丰富的生活经验，这都为他的人生奠定了坚实的基础。

13岁时，松下幸之助目睹了刚刚开通不久的大阪市电车，他预感到下一个时代将是"电器时代"；16岁时选择进入大阪电灯公司，之后的7年，他积累了电器行业的大量经验。从这里开始，松下幸之助主动决定自己人生的道路。

1917年，22岁的松下幸之助决定辞职创业，开始制造销售插座。这是一次决定他一生命运的关键决策。虽然经历了创业的重重困难，但他一直持续经营着自己的事业，松下电器也逐渐发展壮大……

1973 年，松下幸之助以近 80 岁高龄为契机，宣布退出，只担任松下电器顾问一职，松下幸之助这个决定可以说是"退出正当时"，让企业得以更好地传承。

1979 年，松下幸之助出访中国，在了解了中国改革开放的决心和前景，他决定在中国开办事业。当时，日本电子业界并不看好中国，松下幸之助提出的"一个由日本电子工业界联合起来帮助中国发展电子工业的宏大计划"破产，于是他决定由松下电器单独与中方合作，开办合资企业，从此开启了松下电器在中国的事业。松下电器成为中国改革开放后第一批与中国合作的企业，而松下幸之助也成为对中国改革开放做出杰出贡献的国际企业家之一。

同样是 1979 年，松下幸之助决定斥资 70 亿日元，成立"松下政经塾"，这对日本政商界产生了巨大影响……

正如松下幸之助所说，"为了在动荡不定的世界上求得生存，你就必须作出精明的决策"。而要作出精明的决策，需要的是经验、智慧、远见，对未来要有正确的预见和判断，所以说，决策是一门综合的艺术。

此外，决策不是终极目标，不是经营的终结，而是经营的开始。经营并非因为决策正确而结束，反而是因此而开始，决策之后更为关键。

决策的过程固然重要，但更重要的是如何努力不懈地将决策付诸行动。在处理一些复杂的问题时，往往一个决策又会带出另一个决策，层出不穷，令你应接不暇。

然而，如果没有最初的决策，我们就不知道该如何干。有了决策，我们才知道应该做什么，应该怎么做。从这一点看，决策是非常重要的一环，如何适时适当地做出正确的决策，是一件极为关键的事情。

最后，以松下先生非常经典的一句话来开启决策之旅："反复叩问，当断则断。担得起责任，理得清是非。"

将经营决策权层层下放

"及时做出决策。"

是该做决策的时候了

在企业经营管理中，决策是一项十分重要的工作。经营者能否适时适当地作出决策，影响着企业的经营效率。企业要达成经营目标，必须经过各种决策才能得以推进。尤其当企业达到一定规模，所有部门、所有员工都按照上级的指令开展工作时，决策是否及时事关重大。

在西方哲学史上，有一个非常出名的故事——"布里丹的驴子"。故事说的是，一位叫布里丹的哲学家养了一头驴。这头驴很特别，它喜欢思考，凡事都要问个为什么。有一次，主人在它面前放了两堆体积、颜色完全一样的干草，给它当作晚餐。这下可把这头驴给难住了，它不断地问自己，该吃哪一堆草，它迟迟无法做出决策。因为这两堆草没有任何差别，它最终由于无法做出决策，活活饿死在两堆干草前面。"布里丹的驴子"也因此名垂世界哲学史。

在中国古代，也有"杨朱泣歧"的典故：杨朱某次外出，遇上一条岔路，或许是因为他一时无法决定走哪一条路，或许是想到了什么，竟然哭了起来，吓到了路人。

这两个小故事告诉我们，及时做出决策非常重要。所谓"及时"，就是"适当的时间"，是"该做决策的时候了"。企业经营者带领大家站在岔路口，是往左还是往右，在那里磨磨蹭蹭、犹豫不决。这样做不但可能造成重大的经济损失，还会在很大程度上影响团队的积极性。

很多时候，往左或往右可能都是正确的，而决定成功的关键是速度和执行力。此时，无论往左或是往右，只要领导者认定它是对的方向，大家就会拿出勇气和热情前进。特别是在当今这样一个瞬息万变的时代，在竞争如此激烈的环境下，当机立断才不至于错失良机。

自主决策

那么，企业如何快速作出反应，并及时做出决策呢？当企业规模小、团队人数在数十人以内时，企业领导者可以在参考大家意见的基础上，快速地做出决策。俗语说"船小好掉头"，当企业规模还比较小的时候，领导者发现前进的方向不对，可以快速决策，改变行进方向。

而当企业规模达到一定程度时，快速决策将变得越来越难。这就像当年的泰坦尼克号，尽管在最后时刻还是发现了冰山，但因为船体太大，无法快速调整方向，最终还是撞向了冰山，造成沉船。

所以，将经营决策权层层下放是提升决策效率的关键。事事皆由总经理来决策是行不通的，除了在重大问题上需要与总经理商量之外，其余的问题只要不违背公司基本方向，都可以让各部门负责人根据实际情况作出判断、及时决策；而到了前线，面对市场、面对客户时，被授权决策的部门负责人继续将权力下放到小组组长，小组组长又交由员工去判断、决定。这样，整个公司的决策系统就会变得顺畅，运转效率更高，公司出现各种状况时各层级反应也会变得及时高效，客户满意度自然会大大提升。

这就是松下幸之助提出的"自主决策"。松下幸之助说："不仅是总经理、部长、团队负责人、组长都应该有一颗自主决策的心。即使是一名普通员工，也各自有各自的职责，在职责范围内也可进行自主决策。"

如此，在各自职权范围内，企业内上上下下实施"自主决策"，并形成一种机制、文化、氛围，就可以最大限度地提升员工的主观能动性。大家会对自己的"决策"负责，从而大大提高企业的整体运营效率。

火锅连锁企业海底捞是层层授权的典型。

　　海底捞创始人张勇说："海底捞你学不会"，之所以"学不会"，在于海底捞服务的差异化，而这种差异化归根结底是海底捞的授权制度。

　　张勇对管理层的授权令人吃惊，首先是从财务审批制度上，张勇只审批 100 万元以上的财务单，100 万元以下则由副总裁、财务总监、区域负责人审批，然后再一级级往下授权。公司对一线员工的授权更是令同行匪夷所思，海底捞的一线员工拥有"先斩后奏"的特权，这种特权包括免费送一道菜或免一道菜费用，甚至是免一餐费用。员工还可以根据客户临时的需要，自行决定增加个性化的增值服务，这项特权在别的餐饮店只有经理才有，在海底捞却人人皆可享受。

　　张勇对于整个海底捞层层授权的设计，事实上是让整个决策更高效，让接触客户的一线员工可以根据实际状况及时提供让顾客满意的服务。这种授权的本质是"信任"，对员工的信任是授权的前提条件。

　　曾经有记者向张勇提问："如果每个服务员都有免单权，会不会有人滥用权力给自己的亲戚或朋友免单？"

　　张勇反问那位记者："我给你这个权力，你会这样做吗？"

　　张勇想得很明白，即使有个别服务员滥用权力，也不会动摇他对这种授权机制的信心。在他心里，他始终相信每个人心里都有一块芳草地，绝大多数人都会知恩图报，不愿意辜负别人的信任。

　　松下幸之助很早就开始实施授权。这是因为他身体一向不好，很多事务无法亲力亲为；后来他还发明了"事业部制度"，这种制度是让事业部门的负责人"自主决策"，承担经营的结果。这样的授权和制度设计，让松下电器的事业越做越大，"事业部制"至今仍然是日本企业界的基本经营模式。

赋能团队

"赋能"是近年来非常热门的一个管理学词汇，说的是领导者要赋予一线团队自主决策权，这样公司才能应对持续变化的市场环境。

21 世纪的关键词是信息化和全球化，在这两个因素的作用下，世界正在日益变成一个深度连接的整体，从"复杂"变得"错综复杂"。复杂的事物，像机器，虽然由多个部分组成，但组成的每个部分以比较简单的方式连接，它的运行是可掌控、可预测的。而错综复杂的事物，就像发生在 2020 年的全球性新冠肺炎疫情，是不可掌控的、不可预测的。

当世界变得错综复杂，实际上没人能真正把握这个世界究竟是如何运行的。如今的企业深深地嵌入到全球化分工产业链条中，因而它的生存环境也和这个世界一样错综复杂，这时候，企业需要一种全新的"授权"管理哲学。

因而，松下幸之助在 20 世纪六七十年代就提出他的"授权""自主决策"的经营理念，应该说这是十分具有前瞻性的。当然，今天要实现"企业赋能"，实现企业各层级员工的"及时决策""自主决策"，需要建立信息共享机制，培育信息共享的组织文化。

当然，最重要的就是领导者角色的转变：领导者要从棋手转变成为园丁，负责打造组织架构和组织文化，就好像园丁只负责浇水施肥，剩下的事情，就留给组织自己去完成吧。

松下幸之助的三条决策原则

"什么是正确的""生成发展观""远离私心私欲"是松下幸之助的三条决策原则。

作为经营者，凡事都要做出判断和决策。有的人做决策凭自己的灵感，有的人做决策则凭自己的经验以及由经验积累的决策技巧。哪一个更好呢？标准因人而异。

当松下电器还只是一家小小的街道工厂时，松下幸之助做决策靠的是灵感，几乎不与人商量，也没有人可以商量。松下幸之助9岁开始务工，一路走来，不仅学会了经商做买卖，也尝遍了人情冷暖与世态炎凉。通过这段社会底层的工作经历，他积累了丰富的生活体验。这些生活体验培养了松下幸之助对事物独特的直觉力，而这种直觉帮助他在创业初期做出很多正确的决定。

后来松下电器慢慢做大了，管理人才也培育了一批，这时，松下幸之助不再只是凭灵感来做决策。他往往会听取大家的意见，集思广益，还会经常敏感地观察大家的意见和反应，甚至耐心听取反对声音。

无论是经营者个人的直觉，还是集体决策，这都不能保证每次判断和决策是正确的。因此，松下幸之助总结出一套决策标准，即决策时须遵守的"三条原则"。

什么是正确的

第一条原则是"什么是正确的"。

这是松下幸之助极其重视的标准，人们不能仅仅从利益得失的角度来做决策，还要经常思考"什么是正确的"，并以此作为判断的标准。

当认定了"此为正确的"，我们在做决策时，就会更有勇气。松下幸之助说："经营者要有正确的人生观、社会观，并以此为依据来进行决策。否则你所做的决策就有可能只是一些权宜之计，并且得不到所有人的支持。"

企业间的竞争越来越激烈，有时竞争对手会以低于成本的价格进行恶意竞争。一次，一位在一线的销售人员十分焦急地跑来找松下幸之助，这位销售人员从经销商那里得到这样的反馈："你这里的产品太贵了，别的地方卖得更便宜。如果松下电器的产品不跟人家价格保持一致的话，你们的产品是卖不出去的。"

这位销售人员感觉事态严重，跑来与松下幸之助说："社长，我们如果不降价的话，产品可能真的会卖不出去，我们的客户都会被别人抢走的。"

听完汇报，松下幸之助不急不慢地回答说："我们如果按现行价格可获得暴利的话，继续降价是可以的。但是，我们的价格是在充分考虑了成本和利润空间的因素的情况下决定的，绝非暴利。如果无法获得适当利润的话情况会怎么样呢？一部分的利润是作为税金上缴国家的，剩余部分作为员工薪酬福利以及新产品研发资金等。只有大家都获取合理利润了，我们的社会才会不断往前发展。如果不赚钱甚至是亏损，国家发展也好，个人生活也好，都会停滞不前。我们有义务提供具有合理价格的商品，同时也有义务通过获取合理利润来回报国家和社会，我们必须履行这一义务。试想，如果所有人都不履行这一义务，我们的国家、社会、个人将会变成什么样？所以，恶意降价销售是不可持续的行为。"

松下幸之助不降价的决策是基于"什么是正确"的原则。销售人员听完后有种顿悟的感觉，感叹道："噢，原来如此。"因而自信满满地去说服经销商和客户接受他们的产品和价格。

所以，身为经营者应该不断地提升自己的知识和修养，树立正确的人生观、事业观和社会观。这种涵养不断提高，他就能不断做出适宜的决策。

"我所做的是正确之事，我做这些是因为我肩负使命，即便天不遂人愿也无怨无悔。"人有这种心境是非常重要的，这种心境，其实基本接近无私。

生成发展观

第二条原则是"生成发展观"。

所谓"生成发展"，一言以蔽之，就是"日新一日"。世间万物都处于不断的运动与变化之中，这就是所谓的"自然之法、宇宙之法"。换言之，就是世间万事万物都处在生成发展的状态之中。公司的经营决策也必须遵循这项法则，日新一日，不断进化。

松下幸之助一直以"生成发展观"作为决策的重要原则，或者说是思考的重要依据。

基于这一决策原则，松下电器不断进行新技术引进和产品创新，以此来满足社会大众的需求。有一年，松下幸之助考虑引进美国某公司技术，生产更加持久耐用的干电池。

了解到这一情况，松下电器技术负责人热心地劝说松下先生："不用引进美国技术，我们技术部新进了很多优秀的年轻人，我们松下电器自己开发吧。"

可是松下幸之助想尽早生产出更好的干电池，还是决定要引进美国技术。美国公司派代表来到松下电器考察了三个月后，同意提供技术支持，但开出的合作价格太高，态度十分强硬。

这下该怎么办呢？松下幸之助召集技术部门所有人员，坦诚地和他们说："我很想要美国干电池的技术，但是美国公司的要价太高，还有不少不合理的要求，如果合作，会让新电池的价格过高，我们的客户消费不起，你们有什么好办法？"

这时，技术部的一位年轻人站出来说："松下先生，请给我们一些时间，我相信如果有那笔钱的话，我们完全可以自主开发出更好的产品，请公司同意我们来研发吧。"

松下幸之助看到技术部年轻人的热忱，他选择相信年轻的团队，说道："既然你们如此热心，那就交给你们来做吧！"就这样，松下电器选择自主研发新的干电池。

结果如何呢？且不说项目负责人，松下电器的全体技术人员都受到强烈的激励和鼓舞，纷纷投入巨大的热情开展研发工作，中间突破了一个个技术难点。结果，激情孕育新事物，大家拼死努力，在很短的时间内就开发出了不逊于美国公司的松下高性能干电池，还以十分合理的价格向市场销售，取得了巨大的成功。

这就是松下先生"生成发展观"的决策原则，相信一切事物都处在发展变化中，相信新技术带来的变化，更相信年轻人的创造力，相信"相信"的力量。

远离私心私欲

第三条原则是"远离私心私欲"。

只有超越个人的利害私心，对当做之事全力为之，才能天遂人愿，无往不利。纠结于胜负得失，瞻前顾后，当为不为，则一事无成。远离私心，当为则为，有了这种决然的态度，贴切妥当的决断便会自然而生。

当你以自我为中心来思考问题时，内心就容易犹豫不定。"我的利害关系会怎么样？我的立场处境会怎么样？我的评价声望会怎么样?"当你脑海里总想着这些东西的时候,你是很难做出决定的。因为任何决定都不可能对自己完全有利,总会有让自己担忧的地方。

这时你就需要重新审视自己、告诫自己,将自我从思考中驱逐出去,然后老老实实地从全局的角度思考问题。这样的话,我们就能从患得患失中走出来,答案自然就清晰可见了。

"我想这样,我要那样",欲望非我独有,人皆有之。我想满足自己的欲望,他也想满足自己的欲望,这样就会彼此冲突,更难决断了。要避免发生这种事情,松下幸之助提出:"要以一颗素直之心去思考和决断,多听听他人的意见。"比如问一下:"我是这样想的,您的意见如何?"如果对方的意见中肯有理,那就依计而行。如果对方的意见自己不能接受,那就再去征求其他人的意见,如此集思广益、深思熟虑之后再做决策。他人的意见有赞成的,也会有反对的,赞成的固然是好,反对的也殊为可贵。反对意见中往往尚有自己未觉察到的问题,从集思广益的角度来说这是非常重要的。

"什么是正确的""生成发展观""远离私心私欲",这三条经营决策原则是松下幸之助在60余年的经营管理中总结出的经验和心法,以此为原点,我们在决策当中,就不会犯下重大的错误。另外,经营者要有不畏失败的勇气,要有那种"失败我也无所谓,大不了从头再来"的心态。人生没有百分之百的成功,任何决策一旦确立,就要拿出勇气来,执行到底。

决定命运的极少数关键决策

人的一生需要做无数的决策，但真正改变命运的决策却屈指可数，这些决定命运的少数决策称为"关键决策"。

从学徒生涯到电灯公司

少年时萌生的梦想，常常会改变人的一生。

因父亲生意失败，小学四年级的松下幸之助辍学，9 岁时便一个人来到大阪，开始了学徒生涯。这或许是不幸，但却改变了他的一生。

松下幸之助先在一家火盆店做了 3 个月，然后在一家名叫五代商会的自行车车行当了 6 年学徒。到了 1909 年，大阪市主要路线开始铺设城市电车、发展电车网络。当松下幸之助第一次目睹飞驰而过的电车时，他被深深吸引。

"自行车脚不踩踏不会动，而电车那么庞大的身躯，却由看不见的电力驱动奔跑，这真是了不起！骑车久了人会感到疲劳，而电车不论怎么跑也不会觉得累。真是太方便了。电力真是伟大！"

此时，年少的松下幸之助内心在琢磨，今后电力将会运用到社会的各个方面，与电力有关的工作，今后一定会有大发展。从此他开始向往和关注与电力相关的工作，这一愿望日益强烈。

而此时，松下幸之助在自行车行学习、工作了 6 年，与老板一家人寝食与共、朝夕相处，有一份难舍之情，他想辞职，但一时却不知如何开口，犹豫不决，十分苦恼。

后来，松下幸之助心生一计，给自己打了个"母病速归"的电报。掌柜看到后主动劝松下幸之助回家看望母亲，他离开的时候，没能对掌柜提出"辞职"二字，心里默念着"对不起"，带着一件换洗衣服走出自行车行。后来，他将口中没能说出的歉意和辞职申请写在一封信里，寄给了掌柜。

这是松下幸之助人生的第一次关键决策。结束了令人留恋的学徒生活，不久后他便来到了大阪电灯公司就职，开始进入到他所梦想的电气领域工作，开启了全新的职业生涯。

创业的决定

谋划安身立命之计，堪称"人生大事"，决定着一个人的前途命运。关键决策之一是关于创业的决定。

1917 年，22 岁的松下幸之助选择离开大阪电灯公司，开始了独立创业之路。辞职之前，他已经从一名普通的安装工人升职为检查员，工作很轻松，待遇也非常优厚。但这种半日工作半日闲的状态，让他感受不到人生的价值。

"一个人生命中最大的幸运，莫过于在他的人生中途，即在他年富力强的时候，发现自己真正的使命。"正值青壮年的松下幸之助，感觉自己还年轻、精力旺盛，应该全力以赴做事，抓住机会，才能有一番作为。

他想起父亲对他说的一句话："做买卖成家立业，这才是你的正途。做买卖成功了，你就可以聘用优秀的人才，才能帮助更多的人。"

松下幸之助一直记得父亲的忠告。当他想推广自己精心设计、制造的电灯座时，他萌生了创业的想法。

松下幸之助曾经做过一段时间的电灯配线工作，当时他就一直想设计一种既方便实用又稳定可靠的电灯座。后来，经过反复试验，他终于开发出一款改良产品。于是他信心十足地做出了一个改良样品，并把样品提交给了主任，希望公司能采用他的小创意。出乎意料的是，主任直接否定了他的创意。松下幸之助感到很愤慨，冷静之后，决定干脆辞掉工作，专心于电灯座的研发和制造。

刚出来创业的松下幸之助，并没有十足的把握，在一头闯入未知的世界、踏上从未经历过的道路时，他有过犹豫，感到过忐忑。

不过，当时的松下幸之助才 22 岁，比起失败的不安，他内心更充满着对成功的渴望。即便失败了，大不了重新回到大阪电灯公司工作。有一句话叫"失败乃当然"，当你有了"失败也无所谓，大不了从头再来"的心态，患得患失的心理就会减弱，做决断也就水到渠成了。

事实上，这一关键决定，成就了松下幸之助不平凡的一生，尽管后面的创业之路经历了重重困难，但他一直持续经营着自己的事业，并成为影响世界的日本"经营之神"。

新产品生死时刻的决策

新产品研发及市场推广是经营企业的一项重要工作。新产品能否顺利上市并得到市场认可，是决定一家创业企业成功的关键。

1923年，松下电器开始生产用在自行车上的电池车灯。在当时的自行车灯市场上，产品大致分成三类：一种是蜡烛灯，一种是乙炔气灯，还有就是电池灯。但这三种车灯都存在明显问题。

蜡烛灯风吹即灭，骑车时需要不断地停车点灯，十分不方便；乙炔气灯操作起来麻烦，价格昂贵；而电池灯则使用寿命太短，只能照明两三个小时。

松下幸之助经过比较研究，最后决定投入研发新的改良电池灯。经过长达半年的研发，松下电器做出将近100种样品都不够理想，但最终，一款叫"炮弹型电池车灯"的产品应运而生。

这款产品克服传统电池灯寿命短的缺陷，可以持续照明30～50个小时，更重要的是它的售价比蜡烛灯还要便宜。松下幸之助坚信，这是划时代的好产品，希望能大量生产，大量销售。这样既可以让松下电器活下去，也可以造福大众。

然而，世间之事并不如想象中那么简单。当新产品开始推向市场时，遇到了一堵难以逾越的高墙，那就是消费者对电池车灯有成见。当把炮弹型电池车灯送到批发商那里时，无论松下幸之助如何解释，批发商都不以为然，拒绝销售。

　　此时，松下电器进退两难。新的产品花费大量资金和时间，如果失败，不单是新产品的失败，也是松下电器的失败。此外，当时新的产品已开始了大量生产，库存日益增加，事情已经到了刻不容缓的地步，松下电器必须尽快让更多消费者了解它。

　　就此，松下幸之助做出一个"冒险"的决策，就是为车行免费配送了大量的样品。这对当时资金匮乏的松下电器来说，是一场非常危险的赌博，或者说是一次冒险。因为免费配送完这批样品之后，如果新产品仍然卖不动，收不回货款，公司的经营就难以为继了。

　　冒着破产的风险，松下幸之助依然决定将样品免费赠送，还雇人拿着炮弹型电池车灯去自行车批发商行巡回展示。之所以做出这样的决策，一方面因为这是唯一可以打破现状的办法，敢舍才可成大事，害怕风险则一事无成；另一方面因为松下幸之助对新产品的优异性能坚信不疑，好产品一定会受到市场欢迎。

　　从结果来看，这一决策十分成功。自行车行的店员们看到这种新的车灯确实可以持续照明数十个小时后，就极力向顾客推荐。零售店订货的越来越多，果不其然，这款车灯很快就销往日本全国各地，获得了巨大的销量，也为松下电器打出了"物美价廉"的口碑。

第一个"五年计划"目标的设定

关于企业经营目标的设定，是领导者的一项重要决策。

人无法预知未来，企业经营也是一样，今天市场很好，明天就可能风云变幻，更不用说明年、后年。但松下幸之助认为企业还是要制定远景发展目标及计划。

1956年，松下电器第一次发布"五年计划"。当时，经过第二次世界大战之后艰难的复兴期，松下电器逐渐发展起来，以坚实的步伐迈入全面发展的扩张期。

在此背景下，松下幸之助将松下电器的第一个五年计划定为"快速增长期"计划，提出到1960年实现800亿日元的销售目标，这一目标是上一年销售额220亿日元的三倍多。

这一目标令人吃惊，很多人持怀疑态度，大家认为这个数字只是纸上谈兵。的确，5年时间，世界充满不确定性，宏观经济如何？行业状况会怎样？是否还会发生战争？有许许多多不稳定的因素。尽管如此，松下幸之助坚信，这一目标是合理的，关键还是要有计划，有行动。

首先，今后的5年，要不断开发新产品，开拓新市场，这一市场空间还非常大，关键是要有信心，有方法。其次，电器行业处于上升期，每年都在持续增长，只要松下电器保持住现在的市场占有率，销售额就能稳步增长。最后，要实现五年计划的增长目标，离不开松下电器自身的努力。这个努力包括技术的提升、产品研发的能力的提升，以及经营管理效率的提升。

"总的来说，我希望将人们的理想和追求直接反映在数字上。松下电器有数百个代理点，有数万家销售门店，它们的背后还有数千万的消费者。这些消费者都希望提高自己的生活品质，为此他们会追求各种各样的物资。"松下幸之助认为，他所设定的这个五年目标，是在认真地听从了大众的愿望，是与民众间缔结的一份看不见的契约。

结果怎么样呢？到第五年，1960 年，松下电器的销售额达到了 1050 亿日元，这是通过五年目标的决策，推动着松下电器全体员工及合作方各自按目标去努力的结果。但换个角度来看，松下幸之助"大量生产物美价廉产品"的经营理念，正是满足了大众对提高生活水平的期待。

创办 PHP 的决定

关键决策之一，是创办 PHP 研究所的决定。

"二战"刚结束之际，日本国内经济界一片混乱，原材料缺乏，交通运输中断，机器因缺少燃料不能正常运转。人们茫然不知所措，也没有心思投入工作。

作为一位有着数万名员工的经营者，松下幸之助不能接受这样的现实，思索着如何带领大家改变现状。

"今日日本，国民无不盼望物资生产，但是国民行为却与其愿望相悖，都不从事物资生产工作，其中必有某种错误。而且，就结论而言，我想我们国民是否都忘记了真正的道理了吗？因为，我以为我们每个人都要恢复本心，找到真正的思想。"

松下幸之助不断地反思与自问自答,"我们为什么会陷入这样一种境地呢?一方面我们祈求繁荣、追求和平,另一方面我们却亲手毁掉繁荣,搅乱和平。这是我们作为一个人应有的作为吗?为什么会发生那场战争,制造悲剧,招来不幸呢?天空中飞翔的小鸟尚且知道吃饱肚子快乐生活,而作为万物之灵的人类却挑起了战争,最终导致无数人处于悲惨境地,难道这是人应有的作为吗?人不是应该追求和平与美好的生活吗?"

思来想去,松下幸之助发现最终还是人的问题。战争的惨状、战后的混乱,绝非天灾,而是人祸。因此,要消除人类的不幸,首先要研究人,研究什么是人、人应该怎样生活,这是极为重要的课题。

但问题思考至此,松下幸之助发现以一己之力,无济于事。需要有更多的人一起来研究和思考人是什么,致力于恢复人的本心,找到真正的思想。

基于这种想法,1946 年 11 月,松下幸之助决定创办 PHP 研究所,"PHP"由英文"Peace and Happiness through Prosperity"的首字母组成,意思是"通过繁荣实现和平与幸福"。

通过 PHP 研究所的平台,他可以集聚民间智慧和力量,研究何为人,怎样才能为人类带来繁荣、和平与幸福,同时也向全社会提供种种促进繁荣的建言。

PHP 研究所建立之初,道路并不平坦,经历了种种艰辛曲折。然而，越来越多的人开始理解并支持 PHP 研究所的理念，PHP 研究所出版的杂志、月刊、书籍以及学习会，数十年来影响了一代又一代的经营者和民众，也成为松下幸之助的重要精神遗产。

设立松下政经塾的决定

另一个影响日本的关键决策，是设立松下政经塾。

人并不只是活在现在，人还有明天、后天，还有明年、后年。从每个个体来看，谁都有生命终结的时候，但是从人类整体来看，人不仅活在今天，还会活在很遥远的未来。

那么，未来的人们究竟会活成什么样子？未来的社会需要什么样的人才？未来如何有更多的领袖人物让社会和国家变得更美好？仅有美好的愿望是不够的，它不会轻松就变成现实。那怎么办呢？

1978 年，松下幸之助召开记者招待会，发布了要创办松下政经塾的构想。这一构想发布后，媒体做了大量报道，社会反响巨大。其中有赞成的意见，也有严厉的批评，更多的人是为松下幸之助的"突发奇想"感到诧异。

隔年，松下幸之助斥资 70 亿日元，宣布设立松下政经塾。松下幸之助的初心是为日本的未来培养政治和商界的精英和优秀的经营者。松下政经塾仍用古典的方式打造精英。学生们每天操练剑道，练习书道，吟诵古文校训。松下幸之助一直强调的"人道精神"与"终身学习"则被视为衡量塾

生们是否有毕业资格的重要标准。松下政经塾不限制毕业生
未来从政或从商，只要求他们不断自我修炼以达到对"人生
的出发与回归"的悟道层次。

"我们应该面对未来描绘自己的梦想，然后为了实现梦
想，将智慧与力量凝聚在一起，在各自的岗位上奋力拼搏，
这是非常重要的。它不是把每个人局限在一个框框里，束缚
自由思考和行动。相反，它是为了让每个人的个性最大限度
地发挥出来。"

松下幸之助将创立松下政经塾形容为"彼此描绘梦想"，
面对未来，让梦想照进现实。

退出正当时

一个人要对自己的出入进退做出决定，实在是一件很困
难的事。有时受形势所迫，你被动做出抉择；有时却是因时
顺势，主动做出决断。

1961 年，松下幸之助决定辞去社长职位，转任会长，这
一决定是因时顺势。这一年，松下先生刚好 66 岁，在公司经
营业绩盛况空前的时候，他选择急流勇退。

当时公司内部有不少人担心，松下先生作为创始人，一
直奋战在经营的第一线，一旦退职，松下电器的经营是否会
由强转弱，走下坡路？松下先生不这么看。经过多年的内部
培养和历练，公司已有不少年轻人可以接替他的工作，松下
先生如果继续担任社长一职，松下先生势必会成为松下电器

发展的最大障碍；另一方面，随着年事渐高，势必会心有余而力不足。

随着松下先生的身退，松下电器也许会迎来跃进的一大转机。当创始人退出社长职位后，员工们会有一种危机感，觉得要更加倍努力干才行，这种斗志往往会产生令人意想不到的成果。尽管退任社长，但转而在会长的角色上，他可以继续发挥创始人的作用，从更高的层面上指导公司经营。

1978 年，松下电器迎来创业的第 60 个年头，此时已经 83 岁高龄的松下先生又以健康为由，辞去了会长之职，只担任顾问一职。

因时因地，顺势而为，这才称得上是"经营"。

定价决策：10% 合理利润

"松下电器的产品定价公式为：成本 +10% 利润 = 价格"。

企业经营过程中，新产品如何定价，这是一个十分重要的决策。

产品定价高了，企业利润自然也高，但大众能否接受，产品能否销售出去，这是经营者必须考虑的问题。产品定价低了，企业没有利润，或者利润过低无法支持企业持续发展，这更是经营者需要考虑的问题。因此，一个合理利润的定价策略显得十分关键。

新产品如何定价

松下幸之助曾经讲过他刚创业时的故事。

当松下电器规模还很小的时候，公司的产品销售是由松下幸之助直接负责的。当时，松下电器的代理商中有一位砍价高手，当松下幸之助带着一款新产品推销给他时，他看了一眼马上砍价："这个价格太高，根本不可能卖出去！"

尽管松下幸之助做了解释，并承诺销售达到一定量后会给予一个降价的优惠，但这位代理商非常固执，坚持一定要降到他认为满意的价格为止。如果按照对方提出的价格销售，松下电器虽无利润可言，但还不至于亏本，此时，松下幸之助脑海中浮现出"好吧，就按你说的价格办吧"这句话。

当松下幸之助准备妥协的那一刻，他突然想起了正在工厂加班的年轻员工们，此时他们正在车间里汗流浃背地工作着。他们是那么拼，他们在为公司创造利润，也在为自己和家人能过上更好的日子而努力。

松下幸之助对自己说："这个新产品是多少人付出心血制造出来的，他们的成果难道就这样一分不挣地被销售出去吗？不能这样，单凭我一个人的主意就让他们的努力白费，我不能对不起他们。"

于是，松下幸之助吸了口气，然后眼神坚定、十分庄重地对这位代理商说："我们的产品定价都是经过精准计算才确定下来的，这个利润不超过10%，它是用来补贴工人工资，确保公司持续经营所需的……想想现在还在酷热车间拼命工作的年轻人，他们也有家庭、孩子，他们也要生活……”

讲着讲着，那位代理商不知不觉眼睛湿润了，他回过神来粲然一笑，说道：“松下先生，还是您厉害，拒绝降价的理由有千百条，您的这一条理由是我从来没有听过的，但确实打动了我，让我不得不接受您的价格，我买了。”

松下幸之助回忆说，当时他的每一句话都是出自真情实感。这个故事反映出松下幸之助对产品的尊重和对价格的坚持，也是他真诚性格的体现。从刚开始创业到松下电器一步步发展成为跨国企业集团，松下幸之助一直坚持着这个定价原则，这也是保证企业利润和持续经营的一个重要因素。

10% 的合理利润

松下幸之助说：“获得合理利润是企业存在的意义，因为企业是从事物质产品生产与流通的部门，如果一个企业没有了利润，或是利润很少，就说明这个企业对社会没有贡献，或贡献很少。确保适当的经营利润，是企业对社会的重大责任，也是企业家应有的使命。”

这里强调“合理的利润”。那么，什么是合理的利润？简单地说就是，买方不认为产品价格过高，产品定价是买方所能接受的范围，而卖方也有一定的利润空间，用于改进技术，改善员工生活，这就是合理利润，即是“双赢”。

再深入一些讲，让产品在生产和销售过程中的所有参与者，包括供应商、生产商、代理商和最终消费者都认为合理，上下游的合作方都有利润，而消费者也能接受，即是"多赢"。

那么，多少的利润才是合理呢？每个企业因为成本和运作的条件因素各不相同。但在松下幸之助看来，要保证公司的合理利润，正常范围是在10%上下浮动的标准，而根据10%的利润原则来定价，这一产品定价公式为：成本＋10%利润＝价格。

对于一个企业来说，要怎样才能获得合理利润呢？

利润过高，价格上没有优势，超过了消费的购买能力，最终会失去市场，短暂的高利润对企业没有任何的益处；相反，利润太低，企业生产及经营难以为继。要维持合理利润，企业有两个秘诀："开源"和"节流"。

"开源"，是指企业生产出更多有竞争力的产品，占据更多的市场，赢得更多的消费者，即薄利多销，低毛利率、高销售量也可以创造不错的利润总额。"节流"，指的是在企业所有的生产经营环节上下功夫，从设计到原材料到生产流程，尽一切办法降低成本，成本降下去了，就可以有合理的利润，做到"物美价廉"。

松下幸之助坚持的10%合理利润，保证了公司的正常运转，即包括设备的更新、技术的引进，员工薪酬待遇的提高，还有供应商以及代理商的合理利润，确保所有参与者都能正常运转。可以说，以严谨的态度正确对待产品定价和合理利润，是松下电器成功的一个重要因素。

想方设法降本增效

企业要做到产品有竞争力，要做到"物美价廉"，要实现"合理利润"，经营者要想方设法降低成本，提升效率。

1961 年，松下幸之助有一次视察松下通信工业公司，见到公司的干部正在开会。现场气氛有些紧张，松下幸之助问："发生了什么事了吗？"

大家满脸沮丧地回答说："哎，丰田汽车公司派代表过来谈判，要求我们大幅降价。"事情原委是这样的，丰田汽车公司要求松下电器供应的汽车音响设备从即日起先降价 5%，未来半年之内再降价 15%，累计要求降价 20%。丰田之所以会紧急提出这样的要求，是因为日本实行贸易自由化之后，丰田公司面临着来自欧美汽车企业的竞争，当时日本汽车的价格要高出欧美汽车价格很多，如果不降价，公司产品将面临被淘汰出局的危险。

对此，丰田公司没有任何选择，要么生，要么死。随后丰田公司紧急部署全面降价措施削减成本。松下通信工业公司供应的汽车音响作为汽车的配件之一，也要无条件配合降价，否则也会被替换出局。

松下幸之助听完汇报，喝了口茶，问道："我们现在汽车音响的利润率有多少？"下属回答说："只有 3%。"

"确实不多，这么低的利润率本身就有问题，现在还要求降价 20%，真是头痛啊。"松下幸之助叹了口气！

"要不直接回绝吧，我们做不到的。"下属提议。

从常识来看，拒绝降价是符合情理的，目前只有3%的利润，却要降价20%，等于松下电器要倒贴17%，而且这么短时间要降低这么多的成本，确实是不太可能的。

松下幸之助却不这么想，他试着先将"做不到"的想法扔到一边，而是站在丰田公司的角度，思考他们为什么会提出这样的要求。面对贸易自由化的冲击，事情已经不是丰田公司自己所能解决的。

松下幸之助决定尽最大努力，为日本汽车产业的未来尽一份责任，并为多年的合作伙伴丰田公司解决难题。而要把价格降下来，原来的生产制造方式肯定是行不通的，必须从零开始，推倒重来。

"现有的产品事实上已经不可能再降价20%了，那我们就换一个思路，重新思考。"于是，松下幸之助作出指示：

"性能不能降低，外观设计根据对方的要求也不能改变。在保持这两项不变的前提下，我们可以变更设计。也就是说，只要满足前面这两个条件，你们可以重新设计，力求在降价20%的基础上，还能有合理的利润。在达成这个目标之前，暂时出现一些损失也不要紧。这不是单纯接受丰田公司的降价要求，而是同时也接受了维持日本汽车产业持续发展的公众呼声，我们必须这样看待这件事情。让我们一起努力实现这个目标吧。"

结果奇迹发生了。一年后，当松下幸之助再次关心这件事时，下属的回复是，通过重新设计，松下通信工业公司对汽车音响产品做出了根本性的改良，结果符合丰田公司降价20%要求，另外还有10%的利润，大于此前3%的利润，这真是神奇啊。

这是一个关于降本增效的真实故事，是一个变"不可能"为"可能"的实践，为了真正做到"物美价廉"，提升产品竞争力，松下幸之助一直要求研发部门，要想方设法降低成本，不断尝试新的设计思路，这种思维方式也是经营者尤为重要的资质之一。

这种做法在其他行业也并不少见。2008年全球经济危机下，很多行业被波及，尤其是快消品行业。2009年年初，麦当劳宣布，在全国范围内降低其销售业绩不错的4款套餐的价格，降幅超过30%。降价后，价格已经相当于10年前的水平。此外，麦当劳有一半的产品售价与10年前持平，甚至还更低。对于这种降价行为，中国区的负责人表示，最主要的原因在于原材料供应商的整合，95%以上的食品材料在本地采购，而且随着麦当劳加盟店的增多，范围逐渐扩大，强大的规模效应大大降低了成本。所以，在经济危机下，麦当劳有机会降价，让利给普通消费者。

2020年年初发生全球新冠肺炎疫情后，各行各业都受到严重影响，企业面临巨大的生存压力，尤其是餐饮、旅游、酒店等现代服务行业，沉重的成本在疫情下无疑成为压倒许多企业的最后一根稻草。

此时，企业经营者都要开展不同形式的自救行动，其中一项最重要的工作就是降本增效，重构企业的流程管理，开展不同程度的数字化转型，有的企业甚至在业务模式转型上实现重大突破，在核心收入上实现逆势增长。

优秀的企业，为了树立良好的企业形象，保持长期的竞争力，不会只考虑自身的盈利，而是会平衡各个相关参与方的利益，作出正确的选择和决策。从松下幸之助的定价决策中，我们可以得到不少启发。

第一，经营者要树立正确的经营观，企业是社会的一部分，不能过分追求高利润而占取属于其他行业或企业的社会资源，更不能在价值链中做出掠夺垄断利润的行为。利润应取之于社会，而回报之于社会。

第二，企业要始终关注员工利益、客户利益及合作伙伴的利益。松下幸之助始终为员工谋福利，让员工幸福；而对于大众消费者，即客户，要始终以质优价廉的产品满足他们的需求；对于合作者，包括供应商和经销商等参与者，都应该获得合理的利润，这样大家互惠互利，共生共长，才是多赢的局面。

第三，企业始终要关注新技术，并持续将部分利润投入到产品的研发和技术革新上面。通过新技术和流程再造，不断降低成本，提升效率，适时以合理利润来调整价格，这样企业才能持续占有市场，并赢得消费者和社会的信任。

松下幸之助所提出的"合理利润"，是社会繁荣的基石，也是企业的社会责任，创造并获得合理利润是企业的使命之一。

第二部分

人生哲学

人类观

第 三 章

人类是伟大的存在

松下幸之助提出的"人类是伟大的存在"的人类观，是遵循自然法则、支配万物、和谐共生的人类观。

人类的天命

有人认为，在浩瀚的宇宙空间中，人类是极其渺小而卑微的存在；也有人认为，人类是伟大的存在，是万物之灵。

该怎样看待人类呢？有一句话，叫"认识你自己"。人类要认识自己的本质，自古以来都是非常困难的。

松下幸之助根据自己的经验和思考，提出"人是伟大的存在""人皆王者"的人类观。早在 1951 年，松下幸之助就阐述了他的人类观："人类天然地被赋予了按照宇宙法则支配万物的能力。人类君临不断生成发展的宇宙，开发潜藏在宇宙中的伟大力量，找出隐藏在万事万物中的本质，加以灵活运用，就能创造出物质和精神一体的真正的繁荣世界。"

松下幸之助这里所描述出来的人类特性和能力，正是自然法则所赋予人类的"天命"。人类正是被赋予了这样的天命，才成为万事万物的王者和支配者。人类遵循这样的"天命"来判断善恶，决定是非，明断一切事物的存在理由，并创造社会的繁荣。因而，可以这样说，人类是崇高而伟大的存在。

如果我们能如松下幸之助所言，树立起"人皆伟大"的观点，在工作和生活中就能互相尊重，互相欣赏。

比如常常表达"你很了不起，你有我缺少的能力与才华"，如果我们能以这样的欣赏态度与人交流，则对方也会觉得你是个优秀的人，他会抱以同等欣赏和尊重的态度。

相反，如果我们认为"人类的存在是卑微的，是微不足道的"，我们就会轻视周围的人，觉得这个人不行，那个人不好，另一个人太愚蠢。反过来想想，你周围的人会帮助看不起他们的你吗？会对你心悦诚服吗？从某种意义上说，持有"人是渺小而卑微的存在"的人类观，往往会导致对立、冲突，甚至是战争。

松下幸之助同时认为，人类尽管是"王者"，却并非"霸者"，不能为所欲为。所谓"位置越高，责任越大"，站在"万物金字塔的顶端"，人类更应该遵循宇宙自然法则，发挥万物各自的能力，以保证万物和谐共存。所以，人类的责任是无限大的。

当然，人类发展到今天的过程并不总是完整和理想的，其中也有很多失误、很多徒劳，这都是人类没有充分认识自身的本质所造成的。人类自身的行为就能破坏地球、宇宙。

人类对自然做出的每一个举动，都可能污染海洋、空气，最终不仅会破坏地球，甚至可能毁灭地球，造成不可挽回的局面。如果不遵循自然法则，人类就会面临这些严重的后果。

毫无疑问，我们都期待着人类的繁荣。既然如此，我们必须早一天认清人的本质，按照各自被赋予的"天命"走出一条正确的通往繁荣的道路。正如松下幸之助提出的"人类是伟大的存在"的人类观，是遵循自然法则、支配万物、和谐共生的人类观。

众智是人类的最高智慧

松下幸之助在他的"新人类观倡议"中提出："人类虽然被赋予了如此至高无上的特性，但从个体的现实表现来看，却未必总是公正而强大的。人类总在追求繁荣，但往往陷入贫困；不断祈望和平，却往往陷入战争；努力追求幸福，又常常陷入不幸。"

这种情况在人类发展进程中时常出现，重要原因在于一定阶段人类的认知存在偏差，以及个体对利害得失的考量造成的。个体的智慧，个体的力量，不能充分展现人类的伟大。

我们说人类是伟大的，但单单一个人没办法完全发挥这份伟大的力量。换句话说，一个人的智慧和认知是有限的，而且还会犯错，有些错误还会给人类社会带来巨大的灾难。

因而，我们需要聚集众智，在聚集多数人、融合更多圣贤先哲智慧的基础上，根据综合的结果做出判断进而行动时，才能够发挥人类的伟大力量。这个众智是人类的最高智慧，是睿智，是宇宙赋予人类行使支配权的智慧。

当一个社会结构中完全由一个人主宰时，这个人的智慧和意志决定了这个社会前进的方向，可能正确也可能错误。而当一个社会结构中由甲乙两人组成，在这个社会里，两人依据相互商议、平等交换意见的原则，依靠共同的智慧做出的决定，可以很大程度地避免错误，大大提升决策的准确度。而当一个社会结构有更多人参与时，因为众人的期望是社会繁荣与幸福，众人的智慧会让社会走在更加正确的方向上。

时代不同，国家不同，众智的程度也会不同。众智的程度越高，人类的天命就越凸显，也就越能迈向繁荣。

经营层面的启发

"人是伟大的存在""人皆王者"这样的人类观，是松下幸之助思维方式的核心。对"人"的关注深植于松下幸之助的内心深处，在其经营和经营观中随处可见：

"你从事经营，心里更应该有人皆为王的想法。这很重要。你应该认为每一位员工都很优秀，每一位客户、每一位合作伙伴都很了不起，都有伟大的才华。与员工交谈时，你不能抱着此人一无是处的想法；对于昨天刚入职的员工，你不能怀着对方什么都不懂、没有能力的心念。要看到下属的伟大之处，与人接触时，如果只看到他的衣着打扮或是头衔，这样的看法是无知的。要看一个人的本质，看这个人是否优秀，是否有独特的能力，是否有自己不具备的才华。当你认为所有的人都是伟大的，都是王者，你经营上取得成功是自然的。"

松下幸之助一方面从事经营活动，一方面构建起令人幸福、调动人之本能的人类观，他始终觉得"人是重要的""人是伟大的""每个人都是钻石""人的价值是无限的"。

因为有这样的人类观，松下幸之助首创了"众智经营法""全员经营""事业部制""自来水经营哲学"等，松下电器的一切思想都源于松下幸之助的人类观。

松下幸之助曾说："对经营者而言，最重要的是这种人类观，是如何看待、理解人。对此没有深入内心的理解，经营就不可能取得巨大成功，它是一切经营的出发点。这种人类观是经营中的第一粒纽扣。第一粒纽扣如果扣错了，后面的纽扣就会错位，最后就无法把一件衣服穿好。"

正因如此，松下幸之助将松下电器的经营作为手段，确立起以实现人类幸福为目标的人类观，可以说他的一生就是为此而存在的。所以，松下幸之助的经营与成功的一切，都源于他的人类观与人生哲学。

从新人生观到新人道

人类肩负着万物王者的使命。从新人生观到新人道的实践，进一步促进人与世间万物的和谐发展。

为什么要倡导新的人生观

松下幸之助很小的时候就漂泊在外，年纪很轻就踏入实体制造业。他的一生，都在潜心钻研有关人类与社会的各种问题。特别是目睹了"二战"刚结束时日本社会的混乱与凄惨的景象，那些悲惨的记忆令松下幸之助难以忘怀，这也促使他下定决心创立了 PHP 研究所。

通过 PHP 研究所，松下幸之助有机会聆听来自社会各阶层的意见，并通过 PHP 杂志收集读者的肺腑之言，这也促成了 1972 年 8 月《思考人类的本性——倡导新人生观》一书的出版。

松下幸之助说："人类被赋予了顺应宇宙变化、治理世间万物的本性。人类一直在探索不断生成发展的宇宙，开发宇宙蕴藏的巨大能量，发现大自然赐予万物的各种不同特性，通过充分发挥和有效利用万物的价值，实现人类与世间万物的共同繁荣。"

因而，遵循自然法则，人类的本性受命于天，故称为"天命"。由于被赐予了"天命"，所以人类成了名副其实的万物王者。在宇宙中，人类的存在至高无上。我们每一个人都被赋予了优秀的本性，但在现实中，这种本性并没有被我们充分地发挥出来，表现得时好时坏，不尽如人意。导致这种结果的主要原因是，人类不能真正认识自己的优秀本性，总是受到各种利益的诱惑，凡事总是站在自己的立场或角度去思考……

当然，经过漫长的历史演变，人类无论是在物质文明还是在精神文明方面，都取得了巨大进步。"二战"后诞生了联合国，世界各国聚在一起共同建立了这个世界性的组织，以防止惨绝人寰的灾难再次发生。自成立以来，联合国为世界和平与人类幸福做出了巨大的贡献。人类通过总结历史教训，克服了种种困难，逐渐学会了相互爱护、和睦相处。在此期间，人类还在文学、美术、音乐、医学等多个领域取得了巨大的成就。从那时起，关于道义和道德的思想也开始广泛传播。总之，人类通过各种方式在提高自身修养、美化心灵、丰富精神世界方面不断付出努力，并取得了丰硕的成果。

在过去的几千年里，诞生过无数伟大的思想家与哲学家，如中国古代的孔子、老子和孟子等，古希腊的苏格拉底、柏拉图等。他们给我们留下了许多关于人类发展的精辟论述，意在启蒙人类的思想。后来，东方又出现了朱子、王阳明等思想家，西方也出现了康德、马克思等伟大的哲学家。松下幸之助不断翻阅和参考先贤们的智慧结晶，开展细致、深入的观察和研究，并最终提出了他的"新人生观"。

松下幸之助提出新人生观的宗旨：逐步建立物质文明与精神文明全面发展的人类社会，最终实现人类永久的繁荣、和平与幸福。

人类的永恒使命

松下幸之助说："人类的永恒使命是正确认识上天赋予人

类的天命，最大限度地发挥万物王者的优秀本性。人类降生
在不断生成发展的宇宙中，具有支配世间万物的能力。人类
自降生在地球上的那一刻起，就肩负起了作为万物王者的崇
高使命。只要人类还在地球上生活，这种使命将永远伴随着
人类。"

　　在现实生活中，每一个人的背景不同，成长经历不同，
想法各异，性格与能力也不尽相同。可以说，每一个人都肩
负着不同的人生使命。从这个意义上讲，每一个人的使命与
全人类的永恒使命是息息相关、紧密相连的。每个人都应根
据自己的不同本性，努力完成自身肩负的使命，进而为实现
全人类的永恒使命做出贡献。

　　人类需要拥有一颗素直之心，逐步提升对自身使命的认
知与领悟，同时也要不断提高每个人的个体智慧，通过开展
集思广益活动融合众人的智慧，努力完成人类的永恒使命，
最终造福全人类和万事万物。

　　当人们从真正认识自身使命的那一刻起，人生的道路才
算正式启程。从这个意义上来说，人类在这条道路上才刚刚
跨出了第一步，这条路还很漫长，仅靠几代人的努力还远远
不够，甚至可以说，这条路没有终点。

新人道的三大支柱

　　松下幸之助说："人类肩负着万物王者的使命。人类需
要在正确认识这一使命的基础上，通过充分发挥和有效利用

世间万物的价值，开辟一条通向美好生活的新道路，即新人道。"

新人道是一条把人塑造成真正的人，把万物塑造成真正的万物的创新道路。新人道的第一步是从全面接受人类与世间万物开始的，即人类与世间万物都应顺应自然规律，任何事物都不应该被否定或被排除在外，这也是新人道的根基。

人类应在全面接受人类与世间万物的基础上，全面了解人类与万物被赋予的使命和特性，并要遵循自然规律，妥善处理和正确对待世间万物，充分发挥和有效利用世间万物的价值。这是新人道的核心。

在实践新人道方面，松下幸之助将"礼义精神""集思广益""科学知识"列为新人道的三大支柱。

首先是礼义精神。松下幸之助提出，"我们要对世间万物都抱有感激与珍爱之心，同时也要把这种情感真实地表达出来"。

这种感激的心态与慈悲博爱的精神相吻合，与人类的谦卑、宽容之心息息相关。我们要不断培养自己这种博大的胸怀，全面接受和正确对待世间万物，并将此作为实践新人道的重要一环。

我们在日常生活的各个方面都应该体现出礼义的精神。例如，对于大自然赋予我们的阳光、雨露、空气等，还有地球上的所有资源，我们都应该发自内心地感恩和珍惜。经过祖辈们的努力，人类在物质与精神上积累了大量的宝贵遗产，我们今天的共同生活就是建立在这些宝贵遗产的基础上的。我们必须以感恩的心态来看待和继承这笔遗产，并把它们继续传承下去。

古往今来，人类都需要聚在一起共同生活。在共同生活中，人类团结在一起共同奋斗，而这促进了人类社会的进步与发展。可以说，一个人不可能独立生存，这是一个有你才有我的世界。谈到这个问题时，生活在现代社会的人们更应该保有一颗感恩之心，关心和爱护身边的每一个人，与他们互相帮助，和睦相处。这也是支撑和推动新人道不断发展的驱动力。

新人道的第二个支柱是集思广益。通过集思广益，我们能进一步提高判断是非曲直的能力，找到实践新人道的正确方式。一个人的智慧和经验毕竟是有限的，只有把每一个人的智慧融合在一起形成人类的集体智慧，我们才能找到实践新人道的正确方式。

许多国际组织的诞生，就是集思广益的体现。如联合国（UN）这一全球最大的国际组织，是众多成员国探索国际问题、解决国际争端、制定国际标准和规则的地方，是集体智慧和意见发挥的平台。

世界卫生组织（WHO）是国际上最大的政府间卫生组织，宗旨是使全世界人民获得尽可能高水平的健康。各成员国，通过对疾病、流行病、瘟疫等的研究和数据同步，通过联合研发新药物和治疗方法，有效解决全球性医疗卫生难题。

《巴黎协定》(The Paris Agreement)，是由全世界 178 个缔约方共同签署的气候变化协定，是对 2020 年后全球应对气候变化的行动作出的统一安排。

诸如此类的全球性或地方性的组织还有很多，国家与国家之间、城市与城市之间、人与人之间通过集思广益汇集起来的集体智慧得以充分发挥，并以此为基础努力实践新人道。

新人道的第三个支柱是科学知识。随着人类社会的不断发展，科学知识变得越来越重要，已经成为支撑新人道的又一根支柱。与过去相比，今天的科学技术已经相当发达。其实，不仅仅是科学技术，社会学以及其他学科也都取得了巨大的进步。当然，这些知识的积累并不是一朝一夕之间完成的，而是汇集了无数前人历经千辛万苦取得的研究成果才得以实现的。

当今时代，人类所有领域的发展都离不开科学技术的进步。换句话说，我们在实践新人道的过程中，必须大力发展科学技术，鼓励各领域的科学研究。同时，我们还应按照新人道的基本理念，重新规划科学技术的发展方向和研究方法。

不断地积累科学知识、发展科学技术不仅能够提升人类个体的知识水平，也能促进集体智慧的不断提高，这种提升反过来又促进了集体智慧和科学技术向更高的层次发展。这种循环反过来又促进了人们对新人道的探索，使人们在现实生活中越来越坚定地实践新人道，并进一步促进了人类与世间万物的和谐发展。

"经营人心"是第一要诀

企业经营，归根到底是"人"的问题。

企业即人，事业如人

作为企业经营者的烦恼是什么？相信很多经营者的回答最终都会落到人事问题上。企业经营，归根到底是"人"的问题。

人们常说"企业即人，事业如人"。确实如此，企业的发展是以人为中心的，事业的成败确实跟是否能吸引到合适的人才息息相关。无论是多么伟大的事业，如果不能找到合适的人才去传承，也会逐渐走向衰落。

正因如此，企业领导者需要时刻意识到人的问题才是最重要的，还得持之以恒地探求其本质。当企业领导者彻底洞悉人的本质，并融会贯通于企业经营的方方面面，他便能使每个人都展现出理想的状态。

关于人的本质思考，松下幸之助提出"人是伟大的存在"，人在本质上是万物的王者，换句话说，人是拥有无限可能性的，人有无限的潜力。

根据这样的观点，"企业即人"，对企业而言，人才的培养任重道远。因而，不遗余力地培养人才，最大限度发挥员工的潜能，让员工"人尽其才"是企业经营的第一要诀。

为了培育人才，松下电器设有"教育训练中心"，下属

8个研修所和1个高等职业学校。这8个研修所分别是：总部社员研修所，主要培养主任、课长、部长等领导干部；制造技术研修所，主要培养技术人才和技术工人；营业研修所，主要培养销售人才和营业部人才；海外研修所，主要培养松下电器在国外的工作人员和国内的外贸人才；此外，东京、奈良、宇都宫和大阪4个地区设有社员研修所，主要培养当地的管理人才。松下电器高等职业学校则负责培训刚招收进来的青年员工，松下的职工教育是从员工第一天入职开始的，凡新招收的员工，都需要先接受为期8个月的实习培训，才能被分配到工作岗位上。

松下电器在管理中总结出自己特有的育人之道，即置培育人才于日常管理实践当中，把管理当作训练，把工作当作学习，教材就是管理和具体实践方法本身，课堂就是企业和工作场景。松下电器善于把日常管理和每件工作当作训练员工的教材，提升员工的素质，发掘员工的潜力。

松下幸之助相信，许多看上去似乎渺小的员工，只要每天注意如何在工作中精进，都可以发挥巨大的能量。"从平凡人身上收获不平凡的成果"是松下幸之助的育人原则。

经营人心，洞察人性

理解了人的本质，相信人拥有无限的潜力，同时也要探究人性本身，理解人性的复杂和微妙之处。松下幸之助是研究人性和经营人心的高手，他曾经说过："人是复杂而微妙的，具有很难把握的一面。因为每个人都不同，即使同一个人，他的内心也在时刻变化着，呈现出千变万化的状态。数学中一加一等于二，而人心却不能那样简单地计算，有等于三等于五的，也有可能等于零甚至是负数的。"

的确，正如松下幸之助所言，没有比人更复杂的事物了。但换个角度，我们也可以从变化万千的人心中发现其中的乐趣。如果是机器，只要按下开关便可按设定好的程序进行工作，它除此以外不会做别的事情。而人具有千变万化的内心，要是做法、想法恰当的话，就可以最大限度地发挥其能量。其中就蕴含着如何培养人才、如何任用人才的奥秘。

松下幸之助深刻洞察人性的复杂而微妙之处，面对这种复杂性，他以最简单有效的方式来应对，那就是最大限度地满足员工的需求。

首先，是满足员工安全和稳定的需要。松下电器强调不管在公司创业期还是发展的高峰期，都应给予员工稳定的工作环境，这样员工才能安心地工作。哪怕是在全球经济危机、企业最困难时期，松下幸之助反而作出"不减薪、不裁员"的承诺，这种承诺极大地满足了员工"安全"的心理需求。

其次，是满足员工关于幸福生活的需求，在力所能及范围内给予员工最好的福利和回报。松下幸之助最早提出松下电器员工的工资国际化和福利国际化，在日本最早实行每周五天工作制，保证员工有足够的时间休息、学习以及陪伴家人。在薪资水平上，松下幸之助提出"高薪资、高效率"，在给予松下电器员工高水平薪资的同时，要求员工也要达到高效率的工作水准。

松下幸之助自幼体弱多病，在工作期间也目睹同事因为生病而无法工作的情形，所以他特别关注员工的身体健康，松下电器设有球场、体育馆等设施，还经常开展各种运动比赛，组织员工代表队参加所在市县甚至日本全国的比赛，运动会上的奖杯更是大大增强了员工的集体荣誉感、团队精神和合作理念，这些最终形成了松下电器的团队文化。

最后，也是最重要的一点是授权文化，以及建立一套让员工"人人皆是经营者"的事业部制。松下幸之助与很多白手起家的创业者不同，他不认为企业是他个人的，而是认为企业是属于全体国民的。同样，员工就是企业的主人，企业所生产的产品和得到的利润，都包含着全体员工的辛苦付出，企业应该为员工提供更好的生活品质，提升他们的幸福感。

20 世纪 50 年代，松下幸之助就提出了"员工持有股份"制度，这在当时的时代背景下确实具有先见性。松下幸之助在 60 余年的经营生涯中，从未离开过人事工作。松下幸之助因身体一直不好，所以一直坚持"授权"，把工作委托给合适的人去做。在把基本的想法、方针、目标阐明后，他将剩下的工作就交给下属，让他们充分发挥自己的主观能动性并大胆地去做，逐渐形成了"众智经营法"，同时开创了"事业部制度"，这一制度后来成为日本企业广泛效仿的经营模式。

许多学者的研究认为松下电器的成功，很大程度上源于其创始人松下幸之助对于"人"的本质的理解，在于他对"人性"的思考，以及对"人心"的经营。归根到底，松下幸之助之所以成为"经营之神"，最根本的一点是对人的尊重。

让企业经营成为无限游戏

在60余年的人事工作中，松下幸之助见识了人间万象，品味了人性的奥秘和妙趣，不停地领悟识人用人的诀窍，最终形成他独有的人才观。

在中国，海尔集团首席执行官张瑞敏的人才观与松下幸之助一脉相承。他在总结带领海尔近40年创业历程的体会与感悟时说："最大的一个感悟是，做企业就是做人：企业即人，人即企业。"

一方面，很多企业领导者聚焦企业的资金与设备状况，关注企业拥有多少优秀人才。张瑞敏认为，这些都是经营企业的必要条件，最重要的是怎样把人激励起来。没有什么能让企业终止，唯一能终止企业的是人。因此，企业即人。

另一方面，张瑞敏强调"人即企业"，即每个人都能成为很好的创业者，企业应成为适合内外部创业的平台。因此，企业家精神十分宝贵，这里，张瑞敏崇尚的"企业家精神"，就是孵化出更多企业家与经营者，而不是一切都靠自己。

美国《连线》杂志创始主编凯文·凯利说："所有的公司都难逃一死，所有的城市都近乎不朽。"

这句话引发了张瑞敏的思考："为什么所有企业都难逃

一死？因为企业是封闭的系统，企业的目标就是要成为商业帝国，而帝国终归要灭亡的。城市为什么能够近乎不朽？因为城市就是一个平台，谁都可以在上面发展，城市是进化的，因此可以保持活力。即便只是一条商业街，商户不知换了多少遍，但这条街却可能一直繁荣。"

纽约大学教授詹姆斯·卡斯曾在《有限与无限的游戏》一书中提及"世上至少有两种游戏，一种可称为有限游戏，另一种为无限游戏。有限游戏以取胜为目的，而无限游戏以延续游戏为目的。"

很显然，我们要参与的不是有限游戏。从人力资源管理模式的角度理解，如果以实现人的价值推动企业价值提升，那才是无限游戏。如果企业是有边界的，一定是有限游戏，而把全球资源都整合起来，一定是无限的，因为有无限的资源在等着你。如果以人为本、以人为中心，一定是无限的成长，因为人的价值是无穷的。

张瑞敏总结说，我迟早要离开海尔，我不希望自己在任的时候海尔很好，而一旦离开，海尔就不好了。这就是我们现在为什么要打造创客平台、内部孵化那么多创业企业的原因。培养更多创业公司和经营者，可以让企业生生不息。

张瑞敏传承了松下幸之助的人才观，同时在海尔集团实践的基础上又进一步创新与升华。中国改革开放后的第一代企业家，已经开始对经营方法、思想、智慧进行总结。这些企业家最终会形成自己的一套经营哲学，这对于未来的中国企业界，将是最宝贵的精神财富。

相信"相信"的力量

"要想真正做到高效用人，充分发挥员工的长处，顺利开展工作，毫无保留地信任员工至为关键。"

把秘诀教给员工

在企业经营中，要想真正做到高效用人，充分发挥员工的长处，顺利开展工作，毫无保留地信任员工至为关键。人如果能被周围的人所信赖，就能够得心应手地开展工作。

就人的本性而言，每个人在工作中，只有在取得信赖并担负起责任的时候，才能游刃有余地展现自己的才能，也能以饱满的精神状态轻松取得卓越成就。遗憾的是，人类的一个劣根性，就是他总会觉得"非我族类，其心必异"，很难轻易将信任交付他人。正如卡耐基《人性的弱点》一书中所言："人并非理性动物，他们由情感驱使，被偏见支配，傲慢与虚荣是他们的动力之源。"

如果身处在一个不被信任的环境，周围的人一直用怀疑的眼光在审视一个人，这个人就算再有能力，也往往会黯然退场。

很多企业都面临一个难题：是否应该将企业"秘诀"传授给员工？所谓的"秘诀"，指企业的核心技术、重要生产流程等机密。松下幸之助用自己创业初期的一段故事回答了这个疑问。

在松下电器最早生产的电器制品里，有一种灯泡插座备受好评，一直是畅销产品。因此，这个产品一经投产，工厂便连轴转，忙得不可开交。此时，松下幸之助开始从外面雇人，在此之前，工厂生产都是由松下幸之助和亲朋好友在负责。

这就引发了一个重要问题：被用作原材料的壳体制作秘诀该如何处理？当时，每个工厂对壳体的制法都是秘而不宣的，就跟现在的企业对核心技术严格保密一样。这些都算是企业机密。在过去，除了老板之外，一般只有家族里的人或是信得过的"自己人"才有权知道制法。

但这种做法，效率太过低下，而且会造成对外来员工的排挤。经过深思熟虑后，松下幸之助做出一个决定，毅然决定在签订保密承诺书的前提下，酌情考虑把制作秘诀传授给从外面雇用的员工，就算是刚入职的新员工也被一视同仁地对待。这样做了之后，工厂的气氛发生了难以言状的奇妙变化，工作环境变得明快舒心。负责生产的员工比以前更有活力了，他们每天都干劲十足，这种结果自然是大家喜闻乐见的。

然而，松下幸之助的做法，很快引来了同行的严厉批评和警告。在同行看来，这样做会让同行的整体利益受损，也会培养出越来越多潜在的竞争对手。尽管如此，松下幸之助仍然认为，企业经营一定要"充分信任员工"，因为他相信绝大多数人都抱有"君以国士待我，我以国士报之"的态度，一旦被人交付信任，员工就不会辜负这份盛情。

大胆任用年轻人

企业领导者要学会授权，相信年轻员工，把工作委派给他们，能激发他们的责任感，并发挥他们的才能和特长。让年轻员工"自觉承担责任"，是企业领导者一项十分重要的工作。

企业要发展，需要不断开疆扩土，派谁去？这是困扰很多企业领导者的难题。20世纪20年代，松下电器首次决定要在金泽设立办事处，派谁去担任新设办事处的负责人，这是松下幸之助急切需要作出的一项决定。新办事处负责人很重要，他可以决定事情的成败，所以派公司的核心管理人员是最好不过的。然而，当时的处境是，这些核心高管必须留在总公司，才能保住总公司的业务。这如何是好？

突然间，松下幸之助灵机一动，一个年轻社员的身影浮现在他的脑海里，那是一个刚满20岁的男社员。

在日本企业，传统观念十分注重辈分和资历，如果按此标准，这位年轻的社员肯定不是最好的人选。但松下幸之助相信，正是因为年轻，他才能无往不利，才能毫无包袱地开创一项新事业。

"现在公司决定在金泽成立办事处，这件事我想让你全权负责，你准备一下就去金泽，找个合适地方，租个门面开店吧。我这里给你预备好了 300 日元启动资金。希望你善用这笔钱，尽快开展工作吧。"

当听到松下幸之助的这番话时，年轻社员目瞪口呆，他用惊诧的目光盯着松下幸之助说："您真的要把这么重要的任务委派给我吗？我进公司才刚两年时间，还是新手。而且我才 20 岁出头，没有太多经验……"

"我相信你，没有你做不到的事，这件事你一定能干成的……"

年轻人简单收拾了行李，第二天即踏上了去金泽的火车，这位初出茅庐的新人，被信任的力量点燃，对知遇之恩充满了无尽的感激之情，义无反顾、勇往直前地接受挑战。这件事最后证明了松下幸之助的决定是对的，这名年轻人开创了一番新事业，为松下电器在各地方开设新的办事处树立了样板工程。

后来，松下幸之助总结，要相信"相信"的力量。年轻人，也许经验不足，但只要被委以重任，强烈的责任感就会油然而生。这就是"人"的潜质所在。有了责任感，他就会付出百分之百的努力，事情自然会进展顺利，事业自然会取得不错的成就，这才是"人"应有的模样。

有效的沟通对话

作为企业领导者，你打算把一项工作交给别人来做。这时，你千万别想着自己只要把指令下达给别人就万事大吉了。下指令、发命令，这当然是非常必要的，但同时，也得费心思量下属如何理解消化这一指示或命令，又会怎样接受这一工作指示呢？

在现实的企业经营中，领导者往往充当着"独裁者"的角色，他们做事的方式是命令式的、单向高压式的。这种方式的优点是直接、高效，但也会带来诸多问题。

当下属迫于权威的压制而服从，他不能从内心深处产生共鸣，这就变成了被动服从。研究表明，一旦员工进入被动服从的状态，就不能真正地发掘智慧，也无法激发出巨大潜力和创造力。

那么，企业领导者该如何下达指令？又如何让指令得到有效执行呢？

松下幸之助9岁开始当学徒，后来在电灯公司当过职员，那时的他，是处在员工的立场的，因此在某种程度上，他能够体察作为员工的心思。很少有人一开始就是企业领导者，大多数人都是从普通职员开始做起。松下幸之助建议，我们要时常换位思考。领导在向员工下达指示、发布命令时，需要认真聆听别人的想法，做到有效地沟通对话。

例如，"我是这么想的，你怎么看？"这样的询问方式，是十分有效的沟通。这不仅可以适当采纳对方的意见，也能搞清楚对方是否真的理解了指示或命令的意图。此外，询问方式也要讲究互动，必须做到方便对方回答，而不是采用反问句式。

当领导者可以虚心听取并采纳员工提出的意见或方案时，

这将产生完全不一样的效果。因为自己的提案被采纳并用在了工作上，员工便会以主人翁的姿态投身工作，干劲和热情随之倍增，也就顺理成章能取得更理想的成果。

所以，那些成功的经营者，就算采用的是下达命令的模式，但从形式上，他们也一定是凡事跟下属商讨、和下属紧密联系在一起来开展事业的。有趣的是，这样做的最终结果，又变成了下属按照领导者的意志工作。不同的是：上司与下属构建起了一种十分坚固的信赖关系，建立起精神与精神、心与心的交流融合。这种关系可以称为"人与人之间的感情纽带"，或称为"人与人之间的感情融和"，这是非常有意义的企业文化构建。

坚信人性的美好

> "我坚信世上总是好人多！"——松下幸之助

人性善恶论

2000 多年前，儒家学说的代表人物孟子提出"性善论"，认为人的天性本就是淳朴善良的。

"无恻隐之心，非人也；无羞恶之心，非人也；无辞让之心，非人也；无是非之心，非人也。"人人皆应有恻隐之心、羞恶之心、辞让之心和是非之心。这四心恰与"三纲五常"中的仁、义、礼、智一一对应，孟子也正是通过"性善论"的基本主张以"仁义"来发扬百姓的善心。

同是儒家学者，荀子则认为"人之初，性本恶"。他在《礼论》中说："性者、本始材朴也；伪者、文理隆盛也。无性则伪之无所加，无伪则性不能自美。性伪合，然后成圣人之名，一天下之功于是就也。"荀子正是以"性恶论"为基点，主张以"礼"来约束百姓的恶性。

"性善论"与"性恶论"争论了2000多年，终无结论。你是如何看待人性的？又是如何看待你所生活的整个社会及社会中的人？对于我们每个人来说，这是人生中十分重要的问题。

我们在日常生活中为各种事情奔波忙碌，自然会跟形形色色的人打交道。有心地纯真的人，也有居心叵测的人，有人心怀善意，也有人心怀冷漠，遇见什么样的人，全是未知数。因为无法预料，所以有人会陷入惶恐不安。然而，如果以不安为借口逃避人情往来，或者从心里反感与人打交道，就很难开展各种经营，生活也不会过得有声有色。

世上总是好人多

松下幸之助坚信"世上总是好人多"。这不仅仅是一句俗语，而恰恰是现实的写照，成功的人绝不是靠坑蒙拐骗就能混得风生水起。松下幸之助在他60多年的生意经营及生活体验中，日积月累，不断强化这一观点，继而成了他所坚守的信念。

松下幸之助回忆自己一生从商所遇到的人，总体上好人要比坏人多得多。比如，他有一段经历，那是松下幸之助刚开始做生意没多久发生的事情。那时刚研发制作出新的插座，他这样的新手完全不清楚如何定价，如何销售。

松下幸之助想了想，觉得最了解插座价格的人，应该是整天经手这种商品的批发商。因此，他决定带着样品去批发商那里问问。批发商看到样品后，很欣赏产品的品质，问及价格，松下幸之助很实诚地将成本价和盘托出，然后请批发商给予定价建议。批发商划拉着算盘，帮松下幸之助考虑如何定价，考虑到成本价以及当前市场行情，批发商给出了合理的定价，非常热情地帮助了松下幸之助。

松下幸之助刚开始做生意的时候，这种场景反复上演。他由衷地体会到：要相信这世间总是好人多，就算你是新手，不懂市场行情，你只要做出好产品，总有好人会帮你一把，把生意顺利地做下去。

当然，在彼此的人生中，我们说不定会遇到比凶禽猛兽还要可怕的人。因为社会上不乏冷漠自私的人，也不乏居心险恶的人。如果在这些人身上吃了亏，我们就会变得难以对别人付出信任，在极端的情况下，甚至会认为世上没有一个好人。

但是，如果你以这种心态去生活的话，那你见到的人就可能真的会变得像猛兽一样骇人。我们对这个社会还是应该抱以积极的态度，坚信"人性是美好的"，推动社会良性循环。

探究人性的本质

透过松下先生一生的实践与反思，他将对人性的思考提升到哲学高度。他说："人的本性是大自然赐予的，人类既有动物般的欲望，又有判断是非黑白、正邪善恶的理智，这就是人性的本质。"

我们人类既有基本生存方面的欲望，但同时又可以超越人类的无限世界，一边脚踏大地，一边抬头望天，这就是人类。基于这一本质所展现出来的人类活动，有时是动物性的一面更强一些，有时则是在理智控制下坚守德行的一面更强一些。沉溺酒色者有之，静赏名画者有之，私欲纵横者有之，为路旁孤儿流泪者有之。因时因地，人性都在变化，但人类的本质不会变。人绝不会像动物一样依赖本能生活，也不会像神仙或圣人一样永远都完全理智。

中国古代圣贤说，"衣食足而知荣辱"，这句话反过来说就是"衣食缺则忘荣辱"。它道出人的本质。因而，作为经营者，首先要理解和尊重人性，磨灭人类的欲望是徒劳的，企业经营首先要满足员工的基本生活保障，让员工感受到安全和幸福，才能谈理想和使命。

人有智、情、意三种能力，它是基于上天赋予的本质而产生的人性。"智"指智力、智商，"情"指感情、情商，"意"指意志力。智、情、意三种能力是提高人的作用的重要因素。智、情、意三者协调、提高，就会让人性得到提升。

无论是在日常生活中，还是企业经营中，我们会发现智、

情、意的不协调会产生棘手的问题和无谓的争斗，甚至带来
损失，所以，无论是个人之间，还是在公司、部门之中，我
们都必须要高度关注三者的协调。

　　总之，我们生活在一个社会当中，我们需要理解人性的
本质，修炼本心，提升心性和人格，协调智、情、意三者的
关系，然后自然而然地融入日常生活的点点滴滴，繁荣、和
平和幸福之路就会开启。

素直之心

第 四 章

经营和做人的本心

"怀有一颗素直之心吧，素直之心会使你强大、正直、智慧。"

何为素直之心

"怀有一颗素直之心吧，素直之心会使你强大、正直、智慧。"

PHP研究所的月刊杂志上，每期都会刊载这句话。《PHP》月刊创办于1947年4月，创始人松下幸之助差不多在同一时期开始提及"素直之心"并终生倡导。"素直之心"是松下幸之助经营哲学的核心思想之一，他从经营之初就深感"素直之心"思想的重要性并反复强调。

何谓"素直"？有人翻译成"坦诚"，事实上，"素直"的内涵远不止于此，要深刻得多。《庄子·马蹄》中讲，"同乎无欲，是谓素朴"。素，是无欲、纯真、本色、朴素、淡泊。直，是不转弯抹角、不掩饰、正直、忠诚。因此，"素直"包含多层含义，比如真诚、本真、坦荡、质朴、本质等。

它包含这么多内容，或许对"素直"二字不加翻译更为妥当，正如佛经中的"般若"，它包罗万象，根本无法用其他词代替，否则会失去原有的意境和内涵。

松下幸之助认为，素直之心会给人与人之间带来最好的相处状态。我们每个人总是渴望真正的繁荣、和平和幸福，都希望身心得到满足，从而和谐愉快地生活。换言之，我们都期待更好的共生环境，但梦想与现实之间总是存在差距，要实现这种状态并没有想象中那么顺利。

人们都想实现心中所想，却没有准备好能与所愿之事相匹配的思维、态度和行动，因而总是在事情未达成所愿之后怨天尤人。

松下幸之助针对这种现象曾说："为什么现实生活中我们时常感受不到令人满意的状态呢？究其原因，是人们在很多时候迷失了这颗素直之心。"换言之，在很多情况下，人们受欲望与利益的驱使，双眼被蒙蔽，不能认清事实真相，和他人产生不必要的分歧甚至对立，最终陷入不幸。

那么，何谓"素直之心"呢？

所谓"素直之心"，即不被任何外力束缚，能拨云见日看清事物本质的一颗心。正是因为心怀这颗素直之心，我们才拥有认清事实真相的能力。所以，素直之心也是一颗能够抓住真理、顺应发展之心。

若人人心怀素直之心，就能对世间万物做出适时适当的判断，明辨是非黑白与正邪善恶，明白哪些事情可以做，哪些事情绝不可以碰，哪些事情又需要我们有自觉完成的觉悟。

　　总而言之，这颗素直之心会使你强大、正直、智慧。拥有智慧会使你变得贤明，而这份贤明达到一定高度的话，你便会拥有智者般的睿智头脑。在判断事物时，你能头脑清晰；在执行具体工作时，你能拥有更强大的行动力。

水一样的心

　　老子在《道德经》中有云："上善若水。水善利万物而不争，处众人之所恶，故几于道。"意思是水善于帮助万物而不与万物相争。它停留在众人所不喜欢的地方，所以接近于道。

　　为什么水最接近于道？根据老子的描述，道有两点最重要特征，同时也是水所具备的：第一，利益万物。水在地球上无处不在，生命正是依赖着无处不在的水而得以生存，而道也是如此。第二，水往低处走，永远不与物争，永远处在最卑下、最不惹眼的地方，这一点最接近于道。

　　除了以上两点，水还有一个重要特征，是老子没有说出来的，就是水永远不死。道是不死的，而自然界中的水，也永远只在液态、气态、固态间转化，你可以改变水的状态，却不能消灭它。水的这个特征是值得我们学习的：只要生命存在，精神永远不死。

　　素直之心，正如水一样的心，即强烈追求事物本来真相的心。关于水，松下幸之助提出他非常深刻的理解，谓之"水五则"。

一则，自身流动、驱动他物者，水也。解释为水自己活动，并能推动他人行动。

二则，惯于主动开拓道路、探寻方向者，水也。意思为水永不停歇，并自寻出路。

三则，自身洁净、涤清浊垢、量大兼容清浊者，水也。即水以自我的清澄洗涤他者的污浊，具有容清纳浊之宽大度量。

四则，遇强则刚，遇障碍物则激发百倍力量者，水也。水在遭遇障碍时，能以柔克刚，发挥强大的内驱力。

五则，水以汪汪之势，填满大海，以蒙蒙之态化成蒸汽，可为云，可成雪，可作雾，可凝结成晶莹剔透的冰镜，千变万化却不失本性。

可以说，松下幸之助的"水五则"，完美地诠释了素直之心的内涵。素直之心，是宽容无私之心，是广泛接受他人意见之心，是守住本分之心，是静中有动、动中有静的律动之心，是洞悉真相、追求真理之心。

素直之心是人之本心

松下幸之助曾谈到"何为人类"的话题时表达过这样一个观点，他认为人类天生具有支配万物的王者风范。

言外之意，人类与生俱来的王者风范能够让人类发挥万物之灵的优势，结成联盟，共同经营生活，发挥世间万物各自的特性，从而创造出令每个人都满意的生活环境，让大家都能感受到幸福。

松下幸之助提出他所理解的"人道"，即每个人都要持有身为"万物王者"的自觉，寻求万物最本真的状态，做到与万物共生。

如何才能做到人走正道、业行正路呢？很重要的是，在充分理解"人道"及"正道"真正含义的基础上，反复实践。归根到底，最不可欠缺的还是每个人与生俱来的那颗素直之心。

或许你会问，我们是否需要去做一些特别的修行才能成就素直之心呢？当然，经历过许多所谓的苦难修行，可能会起一定作用；不过我们应该清楚认识到，"人之初，性本善"，每个人天生就是拥有素直之心的。我们每个人只要在生活中与人坦诚相待，在努力实践中前行，就能保有一颗素直之心，这颗素直之心实质上是"人之本心"。

在现实生活中，素直之心常常难以体现。我想其中的一个原因就是我们成长的路上受到各种各样的牵绊。

"小娃撑小艇，偷采白莲回。不解藏踪迹，浮萍一道开。"

这是唐代诗人白居易的《池上》，是一首描写儿童生活的诗。莲花盛开的夏日里，天真活泼的儿童，撑着一条小船，偷偷地去池中采摘白莲花玩。他兴高采烈地采到莲花，不懂得或是没想到去隐蔽自己的踪迹，得意忘形地大摇大摆划着小船回来，小船把水面上的浮萍轻轻荡开，留下了一道清晰明显的水路痕迹。诗人以他特有的通俗风格将诗中的小娃娃描写得非常可爱、可亲，全诗体现了童真、童趣，具有浓郁的生活气息，让人的思绪又回到了天真烂漫的童年。

我们在孩提时代都曾像这样，毫无掩饰地展现过自己的素直之心，但在经历过种种人生际遇后便很难如此。伴随着一个人的成长，这颗素直之心也在发生着变化，它越来越难展现出来，被隐藏在我们获得的知识与智慧里。

小时候家长会告诉孩子"不要说谎"，孩子一开始会用心守护这份诚实。但是，随着孩子慢慢长大，他们渐渐学会了隐藏一些不利于自己的事实。正是这份自我保护的"智慧"，使得我们的素直之心不能更好地绽放，因为我们本能地用"智慧"的外衣将素直之心遮盖了。

这种保护自己利益的"智慧"虽然有合理的一面，但人们的素直之心完全被隐藏后，这会产生各种令人不愉快的状况，容易造成误解、憎恨、不信任、责难、攻击等，招致很多不幸。

2020年12月，中国上市公司游族网络的董事长林奇被投毒致死案震惊社会，投毒人为他的同事许某。许某拥有非常好的高等教育背景，为海外名校归国人才，2017年起加入游族网络后一直位居高管，受到重用。但后因工作岗位调动与林奇产生矛盾，心生怨恨，最终走上了不归路。

本应有很好前景的许某，因个人的利益与欲望得不到满足，良知被蒙蔽，完全丧失了一颗素直之心，最终造成了不可挽回的人生悲剧。

　　如今，世界上仍有一些地区频繁发生战争和流血事件，太多的人因此失去生命。回顾漫长的人类历史，人与人、国与国之间的关系仍然存在着很多问题。所以说，"人人心怀素直之心"这一点，无论在现在还是将来，都是极为重要的。

　　若人人都能怀着素直之心经营生活和事业，那么整个社会就会呈现出一片幸福、安逸的局面。人类的王者风范也能更好地展现出来。进而，人类的精神文明与物质文明也能共同发展。每个人的身心都得到了满足，不就能开心、幸福、平和地生活了吗？

　　如此思考，这颗素直之心是最重要、最珍贵的人之本心。

实现真正的繁荣和幸福

　　培养素直之心，让你看透事物本质，做出正确判断，更是追溯人生成功和幸福的本源。

洞悉真相

　　培养素直之心，更容易看清真相。

　　我们透过无色透明的玻璃，能看到玻璃内外本来的样子。如果玻璃是彩色的，则无法看到玻璃后面事物的真实颜色；如果玻璃是扭曲变形的，则看到的视野也会是扭曲的。

　　同样的道理，一旦拥有一颗素直之心，不带有任何感情色彩或偏见，我们可以清楚地看到事物的真实样貌，掌握真相，再基于真相对事物进行思考和判断，采取相应的行动。

　　在日常生活和工作中，我们很容易透过有色玻璃或扭曲变形的玻璃来看待事物。比如，自身的认知水平、个人的欲望和利益考量、某种信仰或价值主张等，很多时候我们不可避免地戴着有色眼镜看问题。正如松下幸之助所言："不要被知识、欲望、思想、主义等束缚，努力看清事物的本来面目吧。"

　　人非圣人，我们不可能做到完全没有私欲、偏见，但我们要努力去培养和提高自身的素直之心，努力看清事物的本来面目。

　　这些自然能体现素直之心的伟大，然而素直之心更伟大的地方在于，做出正确判断并在此基础上采取合适的行动，这样一来，社会会更加和谐，人际关系会更简单愉悦，生活也会更幸福。

明辨是非

　　培养素直之心，可以明辨是非。

　　心怀素直之心的人，很少被自身利益或是情感左右，能够冷静客观地判断事物。

　　每个人都有根据自己的立场、利益或感情去判断是非的习惯。例如，假如有人问你："是否应该真诚待人？"你一定会毫不犹豫地说："是的。"但在日常生活中，当我们遇到自己不喜欢的人时，往往就做不到态度亲切友善，有时甚至还会不礼貌或是懈怠。

这是我们常犯的毛病，一般人都不会察觉，这也是人们是非观念模糊的表现。不过，拥有素直之心的人认为，对人友善、真诚是基本的礼仪，即使面对讨厌的人，也应该亲切招呼。

人人培养素直之心，用公正、客观的态度辨别是非，并以负责的精神去工作，社会秩序自然可以获得改善，生活质量也会得以提升。

所以说，拥有素直之心，可明辨是非，维护社会秩序。

恪守正道

培养素直之心，恪守正道。

所谓"正道"，即正确的道路，正确的事。心怀素直之心，了解事物本质，明白实相，观察事物不以对己是否有利为标准，做事的决心由"什么是正确的"来定。

在开展企业经营时，一件很重要的事，是经营者需要满怀自信。拥有了自信，你才能在遇到任何困难或挫折时，都能妥善应对，找到最佳的解决办法。何来自信？ 自信来自你坚信自己所做之事是正确的，这既是经营的初心，也是信念的问题。

什么才是"正确的事"？ 这一问题需要经营者不断地进行自问自答。此外，经营者更要集思广益，不断追求正义，就会生发出自信。不管是多么有智慧的人，如果认为自己所做的事情是不义的，是错误的，就不可能产生自信。

每个人在回顾自己的人生经历时，总是或多或少会有懊悔、愤慨或嫉妒的情绪，这些都是人之常情，每个人的内心都曾被束缚过。对于有欲望、有情感的人类而言，那都是再正常不过，正因为有这些心理活动才产生了人生中的满足和幸福。

因此，重要的不是消灭欲望和情感，而是不被其束缚，对其加以正确引导。人应该经常反省自我，极力排除束缚。人一旦拥有素直之心，很多事物，甚至是惭愧、嫉妒的情绪垃圾都能转化为自我成长的正能量。

松下幸之助说："无论是经营企业，还是经营人生，常怀素直之心，恪守正道，时刻铭记什么是正确的事。"

只有以这一思路为基础，我们才能以更好的状态来开展各项经营活动。

保持平和心态

培养素直之心，保持平和心态。

有了一颗素直之心，我们就能够减少不必要的对立和争斗，保持一种平和的心态。松下幸之助认为，人与人之间的种种隔阂与冲突，在很大程度上可以通过一颗素直的心灵来改善。

纷争频发的主要原因是利益冲突。而发生利益冲突的主要原因，是大家都想保护自己的利益，都不愿意吃亏。此外，感情不睦也容易招致纷争。口气冲，态度轻蔑，无视他人甚至恶意中伤他人等，都会破坏感情，导致互相仇视。

　　拥有素直之心的人，不会只顾个人利益，而会充分考虑他人利益，在谈笑间推着事情向好的方向发展。人人心怀素直之心，就不会因感情不睦而引起纠纷。因为拥有素直之心的人不会感情用事，也不会故意用言语刺激或挑拨他人。

　　当然，人与人之间的矛盾，除了利益冲突和感情不睦之外，还有很多。放眼当下，各种思想上的冲突，也容易引起纠纷。而这类原因引起的纠纷，往往会扩大成团体与团体、国家与国家之间的矛盾，导致战乱发生。

　　拥有素直之心，看事情、想问题就比较全面、理性，不会过于偏激、过于狭隘，能够避免陷入无视他人、否定他人的误区，而那些因为思想观念不同引发的纠纷或流血事件也就不会发生了。

　　纵观松下幸之助的一生，他总是保持微笑，保持着平和的心态，哪怕是直接面对严厉的批判或是无端的指责时也是如此。

　　曾担任 PHP 研究所社长的江口克彦讲过一段往事。有一次大德寺有一位名叫立花大龟的长老，和松下先生相识甚久。这位长老认为松下先生从事 PHP 活动是乱弹琴，他批评说生意人只要把生意做好就够了。从松下先生辞去松下电器的社长一职，宣布"今后我要专注于 PHP 研究所的活动"时起，大龟长老的批判就变得越发激烈。除了批判之辞，他还说了很多夸大其词的话。松下幸之助知道后，吩咐江口克彦专程邀请大龟长老见面。

那日，见面安排在京都松下幸之助的私邸。长老从车上下来，他身着黄布衣，表情严肃，迈着大步上前。松下幸之助在门口恭迎长老，将其引至客厅。突然，长老拍着松下幸之助的脊背，大声说道："你的姿势总是这么不端正！就不能把背挺直了吗？！"长老突如其来的举动把江口克彦以及接待的人吓了一跳，此时，松下幸之助笑着说："是吗？是这样挺直吗？"松下幸之助一边将后背挺得笔直，没有一点生气或尴尬的样子。

刚落座，还没等上茶，长老便开始训斥松下幸之助："你就是个生意人，瞎折腾什么！"他生硬地打开了话匣子，然后不断地重复自己的观点，有的话重复了好几次，说到后面都像是在骂人了。此时在一旁的江口克彦开始坐立不安，而松下幸之助却只是听着，不时回应道，"是吗？是吗？"或是"这也可以考虑一下。"

大约过了一个小时，接下来松下幸之助的一番话让江口克彦不禁怀疑自己的耳朵，他说："我不是个聪明人，长老您批评得对，让我受益匪浅。如果我还有什么问题，您可一定要告诉我。"

这下连长老也困惑了，他做了些许补充，两个人的谈话就此结束。松下幸之助将长老送至门口，此时长老突然说了句令人意外的话："刚才我一直在琢磨，PHP 的工作或许挺有意思的。"说完，长老脸上的表情已不是刚来时那么严肃，而是平和了许多。

后来，大龟长老再也不在外面批评松下幸之助了，而是"吟唱起松下幸之助的赞歌"，到处跟人说，"松下先生是位了不起的人物啊！"

让我们深入思考一下，为什么松下幸之助能以这样平和的态度对待批判者呢？站在松下幸之助常说"素直之心"的立场来看，对批判的解释和争辩意味着被批判束缚。抱着不被束缚的心、坦诚的心去接纳，才能"视批判为宝贵的意见，更积极地去行动"。有了这种想法，对待批判的态度就会变得积极，才能将批判当作建议，以素直之心接纳倾听。人之伟大，即是如此。

善用一切

培养素直之心，善用一切。

走进大自然的山野中，我们能看到各种山花在怒放，各类树木在繁茂生长，鸟儿在天空中飞舞，兽类在一起玩耍嬉戏。大自然如此生生不息，万物和谐共生。

人类社会也有自己的精彩。社会中存在着各种组织、机构，有各种各样的人和事，他们相互影响、相互作用、相互协同，共同促进人类社会的繁荣和发展。

世间一切，本应和谐共生，这是自然法则，也是人类社会存在和发展的根基。换句话说，我们应该以宽广的心和素直的态度对待世间万物，这是对人类一种基本的要求。

接纳和包容事物原来的样子，这是思考的原点。紧接着，就是恰当地利用世间万物，不管是人、自然或是社会中的事物，只有被适当地利用起来，被放到恰当的位置才能发挥其潜能，同时，促进整体发展。

世界上没有完全相同的两片叶子，也没有完全相同的两个人。世间万物都有其独特的魅力，若能充分发挥各自的禀赋，社会一定会越来越繁荣，人们的生活也会越来越充实。

换言之，物尽其用、人尽其才后，人类的物质生活和精神生活都将得以充实，人们就可以向幸福迈进。尽管如此，现实生活中，做到物尽其用、人尽其才并不容易。所谓"人尽其才"，指的是每个人在自己的岗位上，充分发挥自己的资质与禀赋，创造最大的成就。

在现实的企业经营中，人们常常有惯性思维，比如说"年轻人不适合当主管"。我们许多企业经营者总会认为年轻人缺乏经验和威望，不能担任主管或项目负责人，这是一种错误的观念。拥有素直之心的人，思考问题时不会被惯性思维所束缚，选拔人才时能做到人尽其才。

不局限于工作，人类生活的方方面面都适用于这个道理。换言之，人们相互承认各自的长处和特征，并思考一起用好它们的方法。这种心理正是人类共存共荣的基础。如果人们真正地做好这一点，那么一切将顺利进行，我们也将收获最好的结果。松下幸之助总结说："一颗素直之心的作用，从狭义上来讲，就是让你独立作出正确的判断，避免做错事，最终取得成功。从广义上讲，就是能够让你获得更宽阔的视野，最终使自己和他人共同实现真正的繁荣和幸福。"

总之，人人心怀素直之心，世间万物就能够做到物尽其用、人尽其才，整个社会也就实现了真正的繁荣与进步。

素直之心的养成法则

素直之心的养成，是一个不断学习、反复实践、探究本质、尊重规律的过程。

强烈的意念

素直之心的养成，首先要有强烈的意念。

我们在培养自己的素直之心前，首先需要有一种强烈的意念："一定要拥有一颗素直之心，那是一件很棒的事。"有了这样的意念和期望，我们离素直之心就更进一步了。

素直之心的养成之路，可以当作是一生的修习。第一步，是思考如何进入初级阶段。

松下幸之助将这一步与下围棋的过程相类比。在围棋界，下棋次数达到一万盘，那此人基本就能达到围棋的初级水平。松下幸之助说："想进入素直之心的初级阶段，也应该在心里提醒自己一万次。比如你每天告诫自己一次，如此坚持30年，就能进入修习的初级阶段，之后才开始进入三四段的水平。"

当然悟性高的人可能时间会更短，比如20年或10年就可以达到初级阶段。然而，我们要有坚持把一件事做 30 年的强烈意念，任何事情不历经 30 年的洗礼，往往见不到真正的价值和成果。

当你每天都下棋，尽管棋艺水平不高，依然能体会其中的乐趣；工作也是一样，能享受工作的乐趣也是一种生命的价值。

素直之心的养成，也许需要 30 年或更长的时间才能结出丰硕的果实，这也是人生的意义和价值所在。

学会倾听

素直之心的养成，要学会倾听。

松下幸之助说："要虚心倾听一切建议，因为人无完人，素直之心是无论对谁、无论对什么事都能虚心倾听之心。"

松下幸之助常常讲述关于日本战国时代武将黑田长政每月召开"异议会"的故事。异议会每月都会召开，参会人员包括黑田长政本人、家老、思虑周全且可与之商量者、忠心为主者等共六七人，形式有点像现在的私董会。

开会前，黑田长政会提前跟大家约定"不生气"，即参会者今天无论说什么都不应该介意，也不要反驳，更不能当场发脾气。大家可以畅所欲言，不要有任何顾忌。

于是，参会者举手承诺遵守约定，然后开始就某一特定主题或近期发生的事发表意见。这期间，那些平时难以开口明讲的，参会者会在异议会上光明正大地指出，比如公开讨论黑田长政用人不当的地方，以及在治理领地方面的失误等，期间当黑田长政显露出不悦或难堪的表情时，参会者就会反问道："您是怎么回事呢，看起来好像生气了。"

顿时，黑田长政赶紧调整自己的心态，连忙回答道："没有，没有，我一生也不生气，大家提得对。"然后面色逐渐恢复平静，据说历史上黑田长政的异议会就是这样办下去的。

异议会让黑田长政纠正了许多错误，避免因个人决策失误而误国。黑田长政设立"不生气"规则，可谓用心良苦，他拥有一颗宽容谦虚之心，倾听一切建议或是批评，也赢得许多下属的拥护和爱戴。

异议会益处良多，以至于黑田长政在临终遗嘱中写道："今后也要像我现在这样，每月召开一次异议会。"

松下幸之助说，生而为人并不完美，作为一个独立个体的人，一定要有一颗谦虚的心，深刻认知到自己并不完美，因而需要时刻保持谦虚的心态，倾听来自外部的声音。这样持之以恒，才能培养一颗素直之心。

终身学习

素直之心的养成，要保持终身学习。

"我们懂得学问没尽头，学会终身学习，才没辜负一番造就；我们懂得学习的理由，活出生命的光彩，才无愧于春秋……"

这是《大学问》里的歌词，这首歌的曲子是 Beyond 的

《光辉岁月》，由香港词人林夕重新填词而成。2016年汕头大学毕业典礼上，万名学生现场合唱这首"青春之歌"，很多同学红了眼眶、湿了脸庞，思考学习、做人、做事和人生的关系。

歌词之所以打动人，是因为它直指人的本心，探索求知，终身学习的本心。所谓素直之心，也是一颗终身学习、虚心求教的心。

如果我们能够积极度过此生，多学习、多体验，那么长此以往我们的知识和经验就会与日俱增，个人和社会也会不断进步、不断发展。

在我们日常生活中，每天都会与人进行交流。如果只是泛泛而谈，必定收获甚少；如果我们能够秉持学习的态度进行交谈，也许就能够在不经意间得到意想不到的收获。

作为企业经营者，更应该以虚心的学习态度，与员工、客户、供应商交流，了解更多的市场信息，洞察需求，提升经营的有效性。

学习这件事，从来都不是只能在学校完成的。是否能在有限的人生中学到无限的知识，取决于我们是否拥有一颗虚心学习的心。无论你处于什么样的年龄阶段，也无论你取得多大的成就，人人都应培养虚心学习之心。

虚心学习之心来源于素直之心。之所以这么讲，是因为素直之心如白纸一张，能够吸引、接纳一切。我们在这张白纸上可以任意书写绘画，画面永远填充不完。心怀素直之心，就能以谦虚的态度看待任何人、任何事物，并从中吸收知识与经验。比如，从与人日常的交谈中获得一些启示，从四季的变化、路旁的小花小草中得到一些感悟与启发。

松下幸之助倡导我们常问"为什么"，不懂的事物中蕴藏着人世间的真理。正所谓："用心看，则世间万物皆为我师。"

自省和反思

素直之心的养成，需要不断自省和反思。

世间有很多事情，只有通过实际体验才能真正抓住其本质并理解它，所谓"百闻百见不如实际体验"，说的就是这个道理。

人们尊重前辈和年长者的一个重要原因，是因为他们在历经漫长生活中所积累的各种经验及智慧，这种时间积淀下来的见识和判断力，是经验尚浅者所不具备的。当然，年龄增长并不一定代表着经验和智慧必然增加，有些人活了一把岁数了但依然没有积累下与其年龄相符的见识和经验，只是徒增华发罢了。

经历过顶峰的辉煌或谷底的失意，这是非常宝贵的经历，人可以从中学到很多东西。但这并不意味着积累经验只能通过人生的大起大落来实现，人们完全可以从平淡无奇的日常生活和工作中去不断反思、总结来积累经验，提升人生阅历。

事情顺利、事业成功，固然值得庆祝，但更重要的是总结为什么顺利？是否还有进步的空间？下次还能如此顺利吗？这是"居安思危"的智慧。

事业遭遇挫折，生活不顺时，更是自省和反思的最好机会，可以收获更多宝贵的经验。我们要培养素直之心，做个有心人，经常复盘工作和生活中的小成功或小失败，哪怕是看似平淡无奇的日常，也能积淀下丰富的人生经验，这些经验将成为人生的能量。

彼此支持

素直之心的养成，离不开团队成员间的彼此支持和帮助。

要培养一颗素直之心，一个人单独行动，时常会忘记自己的初衷或是惰于实践。人总会有纵容自己的一面，如果没有同伴或团队监督，决心很容易渐渐被淡忘，轻易放弃。

因而，以团体为单位，共同培养素直之心是非常巧妙的一种方式。松下幸之助建议交一个"素直之心之友"或者建立一个"素直之心实践小组"。有了"素直小组"，就可以共同设立目标，培养素直之心。成员之间可以互相帮助，分享心得体会，并对彼此进行监督或提供建议。大家都是"素直培养成员"，也就能够利用一切机会，相互启发思考、切磋钻研、共同实践。

如果放到企业经营中，经营者还可以在企业内部形成一种学习和培养素直之心的文化，这或许可以成为企业文化的重要组成部分。

亲近自然

素直之心的养成，需要亲近自然，理解自然。

要想养成一颗素直之心，其中一个关键的实践环节就是亲近大自然，体会大自然的各种姿态。

大自然既没有私心，也不会故步自封。大自然里的事物都没有掩饰，完全以素直淳朴的姿态运行着。因此，将我们的身心放到大自然之中，安静地观察自然的姿态、动向，你就能切身地感受到素直之心，理解素直之心，就能发自内心地培养一颗素直之心。

比如，细心观察在大自然中玩耍的鸟兽，看小鸟在天空中自由地飞翔，鱼儿在池塘里悠闲地追逐嬉戏，你也能从中得到培养素直之心的启发。

当然不限于动物，从大海、河流、山川、草原，抑或是四季更替、星辰斗转，我们都能通过细心观察获得启发。自然界的纯真姿态没有私心、没有束缚，只有变化与进化。

接触大自然的方方面面，就能培养一颗自由的、素直的心。就连一枝花都是毫无私心地、自然而然地、率性地绽放着。看到绽放的花朵，自然有人什么都感受不到，然而，内心强烈渴望能有一颗素直之心的人，对生命充满热情的人，或许可以从中发现一些伟大的启示吧。

接触大自然，到远离人烟的深山里亲近自然固然重要，但其实从我们身边最微小的事物中，认真欣赏一草一木，一花一世界，活在当下，你也能有所体会和收获。

　　素直之心的养成，是一个不断学习、反复实践、探究本质、尊重规律的过程。松下幸之助终其一生，都在修炼一颗素直之心，他说："要成为一个有素直之心的人，先要存有一颗素直之心的强烈愿望，要乐于听取他人的意见，自身也要不断地努力和精进，渐渐地，就能领会拥有素直之心的境界了。"

领悟素直之心的智慧

　　"希望家庭幸福、事业有成，成为人生赢家吗？拥有一颗素直之心吧！"

——松下幸之助

人人都能成为素直初段

　　据说学围棋的人即便不拜师学艺，只要经过大约一万次对弈，也能够成为初段。素直之心的培养也是同样道理，首先要立志培养一颗素直之心，并时时牢记，经过反复训练、修炼，最终人人都能成为"素直初段"。

　　素直之心拥有非常强大的力量，但若想培养一颗素直之心，我们必须首先从心里对这一目标怀有强烈的渴望，要有坚持10年、20年、30年，甚至一辈子的决心，并虚心接受他人的教诲。有了这样的心理准备，我们才能渐渐培养起自己的素直之心。当我们有了这样的基础，再加上长期的努力钻研，就一定能够养成一颗素直之心。

素直之心修炼的境界，因人而异，极少数人能够达到大彻大悟的绝顶境界，这极少数人被称为"圣贤之人"或"素直名人"。而对于大多数人来说，是怎么都无法达到这一境界的，但这并不妨碍你在日常生活中将素直之心的作用发挥出来，在生活和工作中将素直之心以"指导原则"的方式呈现，这样至少可以避免犯错。还有一种人，是上面两种程度都做不到，素直之心的重要性只是偶尔闪现在他们眼前，提醒他们自我检讨或自我反省。

松下幸之助把反省变成每天的例行工作，睡觉前一个小时是"反省时间"，检讨、反省自己待人处事的过程中有没有发挥素直之心。反省自己的言行，就能知道自己哪里做得不妥。

松下幸之助说："不断反省自己的同时，我们还应该拓宽自己的视野。回顾自己的人生历程，我深感这种习惯的价值之大。坚持这样做一年、两年、三年……一般不出十年你就能够达到素直初段了。"达到素直初段的人，就能够做到起码的正确判断、正确行事，避免犯下不可挽回的错误。纵观松下幸之助的一生，他未曾犯过太大的错误，这与他长年累月地修炼素直之心是息息相关的。

我们普通人能够成为"素直初段"就已经相当不错了。我们成为"初段"后，不但能独当一面，还能够作为领导者一显身手。成为"素直初段"之后，我们在日常生活中就能做到游刃有余、应付自如。因此，我们将目标锁定在"素直初段"足矣，大部分人都能够通过努力达到这个目标。

松下幸之助提出一个观点，"素直之心的养成非常重要，这种重要的心性启蒙应该始于幼年、少年时期"，并且建议在学校的教育中，应该把孩子们培养自己的素直心灵这一内容列为基本的教学任务。

当前，中国的义务教育倡导"减负"和"素质教育"，素直心灵的培育工作正好符合未来人才的培养方向，从"未来社会人"培养的角度来看，在义务教育阶段开展素直心灵教育，可谓意义深远。

至高智慧：容忍与慈悲之心

人们总是希望自己能够幸福地生活下去，都希望能够创造一个人人同享幸福快乐的社会。然而在现实生活中，我们的这种美好愿望总是难以实现。与此相反，现在的人们往往彼此猜疑，为烦恼所困，也特别容易悲伤、愤怒甚至由于心怀不满与嫉妒而意志消沉。

人是感情动物，有所好恶是人之常情。如果我们拥有一颗素直之心，在看待人和事的时候就不会有好恶之别，而会秉持一种一视同仁、公正无私的思想和态度。

宽容之心、慈悲之心都是自然而然由素直之心产生的。现实生活中，我们经常要面对一个问题：如何看待"恶"、处理"恶"。

说到什么是"恶"，每个人心中的定义都不尽相同。概括地说，有损于人类共同生活的行为应该就可以称为"恶"。而且这种"恶"，确实由于给我们带来了非常恶劣的影响，才会为众人唾骂。

"除恶扬善"，自古有之。我们的祖辈，通过他们的努力，"恶"在某种程度上已大大减少。然而无论在哪一个时代，"恶"都不可能得到根除。那么"恶"的根源究竟是什么？

人的本性中其实是有"恶"的一面的，"恶"伴随着人类的诞生而来，人的天性中有自私的一面。从某种意义上讲，"恶"是不可能完全从这个世界上消失的，它在某种程度上与我们的生活共存，就像是病毒或疾病一样。

那么，既然我们无法根除人类所定义的"恶"，那我们就应该以素直之心，容忍"恶"的存在，面对它，适当的时候，也要付诸惩恶的行动。

处理"恶"的方法要建立在承认"恶"的基础之上，给"恶"以适当的包容，换句话就是容许它的存在。佛家常常提到佛心或是佛说的"慈悲之心"，哪怕是罪大恶极之人，佛家也会以一颗温厚的心来包容。正如冰会在阳光下融化一般，人的邪恶之心也会被慈悲所感化，在不知不觉中回归自己善良的本心。

松下幸之助刚创业不久，公司生意迅速发展壮大，雇用的员工也有所增加，当时已有七八十人。此时，发生了一件事，一名老员工干了一件坏事，而且影响比较恶劣。松下幸之助曾经十分信任这位员工，但他却为了私利破坏制度，糊弄公司。

　　松下幸之助对此十分苦恼，有几个晚上睡不着觉，他反复思考："这件事真是难办啊，他做错事，辞掉他完全是情理之中的事。但是，就算开除他，事情已经发生，造成的负面影响已不可避免，辞掉他对公司和对他本人是最好的选择吗？"

　　松下幸之助想到了日本社会的问题和现状。那时，有不少日本青年犯罪，有轻有重，重犯会被判刑，而轻犯尤其是第一次犯事的，一般都会接受训诫和教育。这些数字加起来并不少，大概日本每六七十位青年，就有一位可能犯错。松下幸之助突然意识到，自己公司当时已经有七八十名员工了，其中有一位犯错干坏事也是十分正常的事。

　　如此一来，松下幸之助如释重负，他公开训诫那名员工，继续雇用他，但"约法三章"，同时将公司制度进一步完善，并定期对员工开展思想教育工作。

　　经过这件事之后，松下幸之助变得能够大胆用人了。他意识到，800名员工中10人左右、8000名员工100人左右可能会犯错，这是企业要面对的现实，所以完善企业各项管理制度十分重要。大胆用人的背后包含着对别人的信任，被信任者会更努力地主动投身工作，更好地发挥各自的聪明才智，公司经营也更加顺利。

　　松下幸之助这一份包容或慈悲之心，隐藏着至高智慧：不管什么情况下，基本的一点是让所有人都活下去。作为相互依存的人类，让社会中的所有人共同活下去是其应该做的事，时刻努力培育这样一颗素直之心十分重要。

无论什么情况，基本原则是"用人无类"，要充分发挥每一个人的能量。在这个世界上，人与人是相互依存着一起活下去的，不论好人坏人都应该把他们放到适当的位置上，让他们发挥应有的作用。从这个角度来看，时常提醒自己拥有一颗素直之心，让自己的心胸开阔、包容万物是件非常重要的事。

"请彼此原谅对方的过错吧！请在温暖中一起改正！"素直之心包括原谅和容纳万物的开阔的宽容之心，这也是松下幸之助留给我们的智慧。

着眼于整个社会

领悟素直之心的智慧，就不能把这个问题仅仅放在个人生活的层面来考虑，而要放在整个社会活动的高度来考虑。

人类社会发展到今天，在政治、经济、文化和教育各个领域都取得了前所未有的成就，尤其是科技推动整个社会高速发展。然而，今天的世界依然不太平，国家与国家之间依然冲突不断，战争、瘟疫、疾病、贫穷等仍然是世界难题，贫富差距、阶层固化、教育不公平等问题并没有得到根本的解决。

因而，我们首先要做到准备把握、培养一颗素直之心，在此基础上再来谈论政治、经济以及整个社会生活，这是至关重要的。

　　一颗素直之心对所有人而言都是必不可少的，对于各个领域的领导者，更是重中之重。这些领导者只有拥有一颗素直之心，才能看清楚事物的本相，才能具备为众人信服的领导力。如果身为领导者却没有一颗素直之心，就很难做到公平公正客观，就很难令大家满意。因此，领导者只有重视素直之心的培养，才能基于事实真相制定客观合理、无所偏颇的战略方针。

　　"没有素直之心怎能过好这一生！"这是松下幸之助由衷的感叹，回顾自己的一生，松下幸之助都在反思自己，他说："如果我当时拥有一颗素直之心的话，我就不会犯下那样的错误，不会把事情搞成那个样子。"但也正是素直之心的修炼，成就了他一生的事业，他说："我觉得正是这个想法，激励着我在今后的人生中一定要为自己培养一颗素直之心。"

修炼一颗素直之心

　　所谓"素直之心"，从做人的角度来解释，就是做一个朴素、简单和真实的人。

　　老子有云："万物之始，大道至简，衍化至繁。"

　　松下幸之助所提出的"素直之心"，从做人的角度来解释，就是做一个朴素、简单和真实的人。当你拥有一颗"素直之心"时，你就拥有了一个幸福的人生。

　　什么样的人生才是幸福的？每个人有不同的理解。幸福是一种美好的感觉，是一种生命的状态，也是一种生活的态度。我们不是拥有的越多就越幸福，恰恰相反，如果我们被欲望裹挟，就会陷入为无法满足的欲望而痛苦不堪的困境。

　　《荀子》云："君子役物，小人役于物。"君子以自己为主，役使万物，而非掉入物的欲望里。有时候，人们往往是因为拥有得太多、太容易得到了，才不懂得珍惜。想成为一个拥有素直之心的人，我们应该做到古人所说的"不滞于物，不困于心，不乱于人"。所以，如何拥有幸福的人生，首先是不要忘了"初心"，也就是松下幸之助所提的"素直之心"，不被过多的欲望所困扰，理解人生本来的意义。

　　我们见过许多来城市打拼的人，最开始在工厂打工的日子，虽然辛苦，但拿到工资，与几位好友一起喝啤酒的日子，是他们一生中都无法忘记的"幸福"。后来，当他们出来创业，企业一无所有，经过不懈努力拿到的第一笔生意，那是他们最大的满足。后来，企业越做越大，钱越赚越多，房子越换越大，每天忙碌着各种应酬，过着酒池肉林的生活，幸福快乐的时光反而没有了。

　　如果你去过云南大理，在洱海旁，你可以发现有不少年轻人，他们从北上广深一线城市辞职，来到这里追求简单自由生活，他们把大城市的房子卖了，来到大理，经营着客栈、小酒吧、咖啡屋，种种草，养养花，搞搞美学艺术，这也是一种特别的生活方式。

　　人年轻时，总会偏爱繁盛的景致。见过繁华，才会渐渐懂得素朴与简单之美。就像中国画里的留白，如果整个画面满满当当，便难以看出主次，看见最美的所在。有了留白，美便有了呼吸，有了灵魂。

　　做个拥有素直之心的人，在繁花深处看清风明月，只为阅览人间最美之景致。

　　朱光潜先生说："人生第一桩事是生活。"在纷繁复杂的世界里，或许，过得简单真实，才是最好的幸福之道。

　　我们并非独自一个人生活，而是相互依靠，共同经营生活。每个人都希望自己能幸福，并建立一个大家都能幸福生活的和谐社会。

　　在现实生活中，总有各种不满、愤恨、妒忌、抱怨等负面情绪，严重时，还会相互指责、发生冲突甚至是更极端的情况。究其原因，是因为没有素直之心。

　　缺乏素直之心时，人们会表现得自私自利、心胸狭隘、自我封闭。为人处世，缺乏谦虚宽容之心，当坏情绪主宰人们的生活时，人们就会陷入烦恼之中，不利于实现幸福生活的愿望。

　　松下幸之助说："拥有一颗素直之心吧，非常重要的一点是为人处世当谦虚宽容。"

　　如果我们拥有一颗素直之心，我们就能以公正的眼光平和地看待每个人和每件事。我们就不会执着于自己的偏见，就能秉持一视同仁、公正无私的态度。

此外，每个人都可能会犯错误。人非圣贤，孰能无过？松下幸之助说："回顾过去，我也犯过许多错误。探寻当时的心迹，我发现自己好像被什么东西蒙蔽了眼睛，白白浪费了许多时间和精力。那些看似成功的人，其实在他们通向成功的路上一直在犯错。我也一样，不断犯错才是我真正的脚步和状态。"

所以，不要因为自己曾经犯过错而耿耿于怀，更不要因为别人曾经犯过错，而抱持偏见。我们不能全部否定曾经犯错之人的思想，不管是何种思考方式，都有它值得借鉴和学习的地方。这种虚心接纳别人的态度能够使我们吸收不同的思想，接纳不同的人。

"每个人都希望幸福地生活"，这是我们所有人的共识和愿望。在这个共识下，人们才能真正地以坦诚之心彼此相待，并减少相互间的怀疑、误解、否定以及憎恨等负面情绪。

彼此尊重各自对事情的观点和看法，保持相互学习的谦虚态度，才能使我们走上一条美好和谐的道路。怀有素直之心，就会自然而然地产生谦虚的态度和宽容的精神。

以素直之心对待生活，我们就能用宽容、谦虚的态度认可彼此、互相学习、坦诚相待，我们的生活也将变得更美好，最终每个人都能获得幸福。

最后，以一首小诗《修炼一颗素直之心吧》，来与大家共勉：

修炼一颗素直之心吧，

岁月漫长，大千世界，
我们的爱与不舍，
皆须从容有度。
因为有度，所以取舍。
取舍之间，简单之后，
方有自己的三寸天堂。

人生智慧

"根源"的力量

"根源"的力量只有一个规则，那就是自然法则。

在松下PHP研究所里，有一座小圣祠，名为"根源圣祠"。松下幸之助每次来到研究所，都会在根源圣祠前摆上圆形坐垫，像打坐一般盘腿而坐，双手合十，低头默拜数分钟。

根源圣祠供奉的既非神，亦非佛，圣祠里只有一块木牌，上面有松下幸之助亲手书写的"根源"二字，它是松下幸之助"实践哲学"的原点。

松下幸之助一生都在自我反思，比如，作为一个毫无背景、身体羸弱的普通人，他是如何在经营上取得成功的？当一次次地自我反思后，松下幸之助开始追本溯源，试图寻找成功的"根源"。

松下幸之助回忆说，有一天，他觉得应该感谢给予自己存在的人。是谁造就了自己的存在呢？那就是给予自己生命的父母，所以必须要感谢父母。但父母又是怎样的存在呢？不就是来自父母的父母吗？他们的父母又来自他们的父母……这样层层追溯，最后就到了人类的祖先了。于是，他把自己和人类的祖先联系到了一起。

"我们取得今天的成就，当然要感谢父母和他们的父母，但也应该感谢最初的人类，即我们的祖先。"这是松下幸之助的观点中最具代表性的一句话，即寻找"根源"。

"我又想，最初的人类是哪里来的呢？我左思右想，也没想明白。我试图从古人那里得到启发，但始终没有找到答案。一番冥思苦想之后，我的心中突然冒出一个念头：人类来自宇宙的根源，是靠根源的力量诞生的。人类来自宇宙的根源，而且，不仅是人类，一切宇宙万物皆来自这个根源，因其力而诞生。我认为这种根源的力量有一个规则，那就是自然法则。这种力量到底是一种什么样的力量呢？一番思索之后，我觉得它就是让一切宇宙万物变化发展的力量。"

松下幸之助这种层层溯源的方法十分精妙，也符合科学逻辑。他总结出：今日有人类的存在，追溯根源，寻找到人类的祖先，再超越祖先达到宇宙的根源，对"存在于此"的感谢实际上就是对"宇宙根源"的感谢。由此，松下幸之助设立了"根源圣祠"。

这种"根源的力量"，最终形成了松下幸之助的实践哲学，并不断延伸出他的经营哲学思想：比如"生成发展观"，一切经营活动要顺应天地自然法则，之后自然而然地形成"日日新"经营观；比如"人皆王者"的观点，认为一切经营的出发点是尊重人，也因此形成"众智经营法"；比如凡事要洞悉真相，探究事物本质，由此形成"素直之心"的思想体系。

松下幸之助构筑了这样一套实践哲学，并依照它取得了经营上的巨大成功。1989 年，松下先生去世时，时任美国总统老布什还致电，称松下先生是"全球人民的启发者"。而哈佛大学商学院教授科特在为松下先生撰写传记时说，"就启发人性的榜样来说，他更是无与伦比的。"

下雨则撑伞，天寒则加衣

"下雨则撑伞，天寒则加衣"，即顺应天地自然法则，是松下幸之助的经营哲学，也是他的人生智慧。

一到春天，树木便长出新芽，再从嫩绿色变成深绿色，春来夏至。"残云收夏暑，新雨带秋岚"，送走夏热，迎来秋季；"寒山转苍翠，秋水日潺湲"，秋天渐去，迎来寒冬；"岁暮风动地，夜寒雪连天"，冬天来了，春天还会远吗？

看到四季变迁，你便会真切地感受到天地自然法则的存在。太阳东升西落，水从高处流向低处，物体自上而下落下，这也是自然法则。这些法则作用于宇宙万物，变化发展是其本质。

回到经营层面，企业经营离不开日常积累，经营者要为五年后或十年后认真地做出每一天的积累。

松下幸之助刚担任松下电器的会长不久，有一位新闻记者前来采访。他问："松下先生，您的企业取得了如此迅速的发展，您能向我们透露一下松下电器得以高速发展的秘诀吗？"

　　松下幸之助愣了一下，沉思片刻后反问了那个年轻的记者：“如果下雨了，你会怎么办？”

　　这个反问可能相当出乎意料，记者显现出一副非常吃惊的神态，似乎有点不知所措，尽管如此，过了一会儿他还是认真地回答：“那样的话，我会打伞吧。”

　　松下幸之助说：“就是啊，下雨则撑伞。这就是松下电器经营的秘诀。”

　　闻听此言，记者还是不太明白，追问道：“那是什么意思？”

　　松下幸之助笑着回答：“顺应天地自然法则。”

　　那位记者更加茫然了，一时语塞。

　　松下幸之助接着解释说：“要是下雨了，你会怎么办？下雨了当然要打伞啊，因为这样你就不会被淋湿。这就是顺应天地自然法则，是极其平凡的姿态，是很平常的举动。生意和经营也是一样，如果说经营企业有什么秘诀的话，那就是极其自然地做平凡的事，该做的事，尽心竭力地去做，不该做的事则不做。如此推进事业，正确开展经营。”

　　相反，下雨不打伞，任由雨淋，那就是做不该做的事。那么，什么是经营当中“不该做的事”呢？

　　比如不遵守商业信用，没有契约精神；比如不遵循产品定价标准，随意抬高产品价格，牟取暴利；比如不注重企业的现金流管理制度，随意跟银行借钱，承受巨大的利息压力；比如不懂得会计算账，企业过度扩张，资金链断裂；比如无视成本核算，故意降价抢客，导致公司经营陷入困境；比如生产品质低劣、粗制滥造的产品，以次充好；比如虚假宣传，恶意欺骗客户等。这些经营做法是违背经营法则的，即违反天地自然法则，注定是要失败的。

成功者与失败者相比，做法差异一目了然。因为自然法则具有变化发展的特质，所以人类遵循自然法则，必将获得成功。松下幸之助是想告诉年轻的记者，要想取得成功，就是要顺应天地自然法则，该做的做到了，成功是自然而然的事。

"下雨则撑伞，天寒则加衣"。顺应天地自然法则听起来很玄妙，其实就是每天做好该做的事，其实做到这些，无论是工作还是经营，乃至人生都能获得成功。这就是松下幸之助的经营哲学。

很多经营不善的企业，把问题归结为经济环境不景气，经济结构、经济政策或其他社会因素不好，实际上，原因在于这些经营者的思考和行为方式违背"常识"，偏离了天地自然法则，他们不做该做的事，忘记了要做的事，不愿意脚踏实地做事。

"生产卓越的产品，以令大多数人满意的低廉价格销售，生意就会兴隆；生产劣质产品，以令大多数人不满的高价销售，生意则会落败。这都是人之常情，也是遵循自然法则的生意经。"松下幸之助如是说。

下雨则撑伞，顺应天地自然法则，是松下幸之助的经营哲学，更是他的人生智慧。

顺势而为，注定成功

天文学研究有一个观点认为，今天的宇宙原本是一个体积接近于零、质量无限大的原始质点，直到约 137 亿年前发生宇宙大爆炸后才诞生。根据这个假说，地球是在宇宙大爆炸之后经过漫长的 46 亿年的岁月，才演变成今天的蓝色星球。

在大约 600 万年前诞生的人类，最初与动物并无两样。后来，他们开始学会穿衣御寒，捕食猎物果腹，再后来学会农耕，构筑起文化和文明，一步步进化成今天的样子。

对事实加以考察，我们不难发现，宇宙中存在着变化发展的法则。这种自然发展的法则，推动着宇宙的变化、地球的演化，以及人类的进化。松下幸之助通过长期的观察思考，提出一个哲学发展观：任何一个人天生都能进步发展，人人皆能经营成功。

有人会问，为什么这个世界上还有那么多人遭遇失败和不幸，无法取得成功呢？对此，松下幸之助是如下回答的：

"人类原本都是会获得幸福的，经营本来都会取得成功。之所以不幸、不成功，是因为人们或经营者没有认识到变化发展的自然规律，在日常生活或工作中没有遵循这些规则。就好像春夏秋冬更替，或太阳东升西落一样，做好本分工作，不该做的事不做。如果能顺势而为，人生必定会幸福，经营注定会成功。"

如何理解松下幸之助的这一解释呢？ 我认为应该以"变化发展观"来看待。我们生活在一个不确定的世界里，各类灾难随时会降临在我们身上，然而纵观整个人类发展史，世界始终在往前发展，人类物质文明和精神文明从来没有停止过前进的脚步。从个人来说，其成长的过程中总会磕磕绊绊，遇到这样或那样的挫折或困难，但只要脚踏实地、努力做事，不被私欲所束缚，遵循规则不要犯太大的错误，他的人生总会幸福，经营总能成功。

所以说，变化本身具有不确定性，但人的努力是确定的；变化的方向具有一定的不确定性，但人类向前发展的方向是确定的。从 2020 年开始爆发的全球新冠肺炎疫情，给全世界人民带来了巨大的灾难，在一定程度上影响了全球化进程，让世界充满不确定性，但从长远来看，人类的发展依然是向前的，疫情不能阻止世界变得更加美好。

那么，如何才能做到遵循自然法则呢？ 松下幸之助的回答是"要有素直之心"。

有一次，已故著名佛像匠人松久宗琳大师在接受电视采访时，记者使用了"雕刻佛像"这样的词语。大师答曰："我没有在雕刻。菩萨居于树木之中，我只是使用凿子这件工具去除在树木之中的菩萨周围的灰尘。"

在此，我想借用大师的这句话来说明，尽管人类与经营本来都是会获得成功的，但成功周围却布满了灰尘。人们充斥着私心、私欲、固执、执念，要用素直之心这把"凿子"

将这些杂质剔除。去除了这些东西，人们就能看到生活和工作本来的样子，自然就能幸福、成功。

当然，我并不认为每个人都能获得俗世中所认为的"最大的成功"，也不认为所有企业都可以成为世界 500 强，但无论是谁，都有属于自己的幸福，每家企业都有属于它自己的成功。我们应该像松下幸之助那样去思考。

松下幸之助的"自来水经营哲学"，即以低廉的价格提供卓越的产品，可以视为是遵循变化发展的自然法则的。生产出卓越的产品，以多数人可以接受的低廉的价格销售，如此生意必定会兴隆，这是商业上的"自然法则"。

戴尔电脑公司所采用的商业模式被认为是过去 20 年来世界上最好的商业模式之一。早在 20 世纪 80 年代初，戴尔电脑的创始人迈克尔·戴尔开始关注个人电脑生产企业的工作模式，那时，个人电脑非常昂贵，以至于大多数人买不起。迈克尔·戴尔想到一个方法，绕过了分销商这个环节（即直销模式），开创了一个全新的价值链，这一新的模式让个人电脑变成大众逐渐能接受的商品。

松下幸之助的"自来水经营哲学"，以及迈克尔·戴尔的经营故事，意义其实相当简单：为客户提供价廉物美的产品和服务的同时，自己的公司也会得到长足的发展和丰富的利润回报。使顾客常受益，乃是企业获益的最大源泉。

总之，只要遵循变化发展的自然法则，经营是可以无限持续发展的。

"扫除"的哲学

"人生要像放风筝，心存高远，脚踏实地。"

——松下幸之助

凡事彻底的工作态度

在松下政经塾，学生每天被要求 5 点半起床，然后开展 30 分钟的扫除工作。松下幸之助经过多年的观察发现，那些满怀热情、全身心投入，并把扫除工作做好的学生，10 年后大多数成为日本政商界的精英人才。相反，那些觉得差不多就行、抱持蒙混态度去扫除的人，最后人生和事业也十分平淡，没有太大的作为。这样平凡的"扫除"工作，到底蕴藏着什么样的秘密呢？

其实扫除本身并不是目的，而是通过扫除这个动作，培养一个人"凡事彻底"的工作态度。只要我们认真工作，在工作过程中，我们甚至还会有新的"发现"。

松下幸之助说："即使是扫地这样看似简单的工作，也是讲究技巧的，在清扫的过程中，你会发现很多种更省时省力的清扫办法。清扫庭院绿植间的卫生，同样也存在又快又干净的清扫方法，并且你还能学到关于树木施肥方面的专业知识。只要你认真工作，在普通工作过程中学习新知识，最后说不定你还可能成为绿植方面的专家呢。当然，这不是要让你从事绿植方面的工作，而是想说，即便再乏味无聊的工作，既然决定做了，你就要满怀热情地把工作做好。"

所以，只要你全身心投入，把每件平凡的工作做好，即使在做扫除的过程中，你也能领悟到经营的真谛。如果只是抱着差不多就行的蒙混态度去做，那你只能是单纯扫地。

松下幸之助说，无论做任何事情，既然决定做就要全身心投入把它做好，能做到这一点的人，即便去做扫除这样平凡的工作，在 10 年之间也会与其他人产生巨大差距。

"人生要像放风筝，心存高远，脚踏实地。"这是松下幸之助留给松下政经塾学生的寄语，亦是他经营人生的哲学。

键山秀三郎的"扫除道"

日本 YELLOW HAT 公司创始人、日本美好协会顾问键山秀三郎创办了"扫除道"，他是松下幸之助"扫除"的哲学的终身实践者。

键山秀三郎年幼时因空袭被疏散到乡下，童年时开始受父母身教影响而重视扫除道。1961 年，32 岁的他开启创业生涯，主营汽车用品与服务，希望创办一家以良知经营的理想公司。

但在公司创立的前几年，键山秀三郎面对着一群心浮气躁的员工。他们从外面跑业务回来，经常带着怨气和怒火。在公司，键山秀三郎经常可以感受到一片紧张而压抑的气氛，有些人动不动就用脚踹凳子，有的人在办公区抽烟，有的恶语相向，随时有可能爆发冲突。

　　键山秀三郎感到痛苦而无助，他不知道如何改变公司环境。一次，他参加著名企业家松下幸之助的一个经营分享会。在会上，松下先生讲述了松下政经塾的扫除工作，以及扫除背后的思想智慧。键山秀三郎深受启发，回到公司后思索着如何推进扫除工作。不擅长语言表达的他，决定亲自带头，开始对公司进行彻底的清扫，他想，如果能把公司大环境弄得干净整洁，相信员工们的心也不会再荒芜了。

　　然而，在键山秀三郎打扫厕所的时候，公司的员工还是若无其事地从旁边走过，甚至直接跨过他正在打扫楼梯的手臂，没有人理解他的做法，也没有人响应扫除工作。

　　即使这样，键山秀三郎也从来没有抱怨过，他认为打扫公司是自己唯一一件能够为他们做的，向员工表达感恩的事情。

　　"无论做什么，别人最不愿意干的事，首先自己要承担起来，这是调动他人工作积极性的前提。"键山秀三郎说。

　　接下来的10年里，扫除工作基本是键山先生一个人在做，10年过后，有几位员工开始加入。到了20年的时候，大部分员工都会主动加入扫除工作，因此整个公司开始形成扫除风气。键山先生顺势成立"扫除学习会"，将扫除变成一门学问。

　　此时的YELLOW HAT公司，员工之间的集体意识和协同性大大提高，大家都以帮助他人为乐，人际关系得到全面改善，公司业务也持续增长。

而今，近 60 年时间过去了，键山秀三郎已是近 90 岁的老人，他所创立的 YELLOW HAT 公司成了一家知名品牌企业，在日本已经有 700 多家店铺，3000 多名员工，年销售额在 1400 多亿日元。

键山秀三郎所创立的"扫除道"，以"凡事彻底、感谢报恩"的价值观，对日本社会和当今世界产生了深远的影响。

键山秀三郎的"扫除道"与松下幸之助的"扫除"的哲学是一脉相承的，其精神内核是相通的。松下幸之助和键山秀三郎都相信扫除能改变人生，也能改变公司。他们相信扫除一个地方，就赋予了其生命，扫除者最终也将受益于此，生命也终将因为这种精神信仰而改变。

欲望本无善恶

"欲望本身并无善恶之分，欲望是人类生命力的表现形式，欲望的满足应予以正确引导。"

——松下幸之助

欲望没有善恶之分

古今中外，无数思想家、哲学家都发表过关于"人之欲望"的观点。孟子说："养心莫善于寡欲。"老子说："见素抱朴，少私寡欲。"在欲望这个问题上，儒道两家观点有相通的地方，整体上主张"清心寡欲"，提倡要减少欲望，修养心性。

埃及作家尤素福·西巴伊说："欲望是人遭受磨难的根

源。"法国浪漫主义诗人德·拉马丁则说："能力有限，欲海无边：人是贬入凡间的神，他没有忘记天国的一切。"

可以说，欲望是伴随人类而生的。人类作为"王者"，在欲望的表现上，无论是广度还是深度，都是其他生物所无法比拟的，正所谓"人类乃欲望之体"。

在今天的社会观念中，人们常常把欲望与道德相提并论，"欲望强的人"被视作坏人、恶人，成为道德败坏的代名词。人们之所以有这种观念，在于很多损人利己、破坏社会公共安全的行为，都是被欲望蒙蔽了双眼，受个人欲望左右所造成的。因而，在古今中外，多少名人志士都认为欲望是万恶之源，摆脱欲望，才是人类的美德。

对此，松下幸之助的思考和观点十分独特。他认为，欲望本身并无善恶之分，我们应该探究欲望的本质和真相，欲望是人类生命力的表现形式；没有欲望，人类就不可能进步，没有欲望，社会就不可能发展进步。人要生存下去，就必须有生存下去的力量，而欲望就是这一份力量的显现。它就像是驱动大船前行的蒸汽动力。如果我们认为欲望是恶的根源，我们消灭它，就如同让大船停止蒸汽驱动，人的生命能量就会停止。

任何一个时代，人之欲望都是在一定的社会历史背景下产生的，本来没有善恶之分。欲望既可能变成善，也可能变成恶，欲望是根据人们对它的驾驭，才转化成善与恶的。这正如我们手上握着一艘船的舵，蒸汽动力已经存在了，但这艘船是往好的方向还是往坏的方向前进，则完全取决于掌舵者。

因而，正确理解欲望，并运用好欲望的力量，才能创造非凡的成就。正如印度哲学家克里希那穆提所说："对欲望不理解，人就永远不能从桎梏和恐惧中解脱出来。如果你摧毁了你的欲望，可能你也摧毁了你的生活。如果你扭曲它，压制它，你摧毁的可能是非凡之美。"

让欲望得到正确的满足

松下幸之助说，欲望是生命力的表现，而生命力是宇宙本源之力，是为了让人类生存下去而赋予人类的，是极具天赋性的。

因而，人类有各种欲望，为了满足欲望，就要付出各种努力。既然欲望是生命力的表现，那不少人认为，不管人类有何种欲望，做何种努力，都是应该得到尊重的。

然而，这并不代表人们为满足欲望，就可以为所欲为，不顾他人和社会的基本道德、法规法律等。欲望尽管没有善恶之分，但是可以根据欲望被满足时所采取的行动标准，是推动还是阻碍了社会的繁荣、和平和幸福的实现，来对其做善恶的判断和评价。

松下幸之助说："我们生活在一个社会之中，社会中所有的人都期望着实现繁荣、和平和幸福，这是所有人类共同的愿望。因此，为满足欲望采取的行动，如果对自己有用，对他人也有用，也就是满足自己欲望的同时，推动了社会整体的繁荣、和平和幸福的，那这种欲望是正向的力量，自然是善的欲望；相反，为满足个人欲望而伤害他人、损害社会利益的行为，则是恶的欲望，必须被制止。"

纵观人类历史，曾经有多少人为实现个人的私欲，而导致各种冲突，甚至是战争，破坏世界的繁荣、和平和幸福，这些惨痛的灾难，都是我们人类必须永远谨记的教训。

回到企业经营层面，松下幸之助认为，经营者的使命就是通过大量生产物美价廉的产品，消除贫困，促进社会繁荣，使人民过上幸福的生活。

企业经营应该实现盈利，赚取合理利润才能生存下去，这是"企业生存之欲望"，也是企业发展的生命力表现，应该予以肯定。企业经营应"顺势而为"，这里所说的"势"，即松下幸之助所说的促进社会的繁荣、和平和幸福，当企业以此为经营目标的时候，就是善的欲望，企业经营成功则是必然的。

相反，企业经营"逆势而为"，生产伪劣假冒商品，破坏环境，为牟取暴利不择手段，欺骗消费者，牺牲他人利益和破坏社会繁荣，经营必将失败。

松下幸之助提出经营要讲"大义"。这里的"大义"是指最重要的事。《中庸》解释说："义者，宜也"，这里的"宜"，是"相宜，合乎事理"之意，所谓经营大义，就是经营要遵守正确之道。

反省是通向成功的道路

　　每天睡前一个小时的反省，关系到工作、经营、人生的成功。

睡前一小时的反省

　　《论语》中有言："吾日三省吾身：为人谋而不忠乎？与朋友交而不信乎？传不习乎？"这是孔子弟子曾子的名言。这里提到关于做事、交友、学习的反省，但反省远不止于此。松下幸之助认为，每天睡前一个小时的反省，关系到工作、经营、人生的成功。反省是成功之基础，亦是成功之母，这也是他的座右铭。

　　松下幸之助常说，一天过完了，钻进被窝里，要先拿出一个小时的时间进行反省。这睡前一个小时反省包括两步：回顾和反思。回顾这一天都做了什么，哪些事情是令自己满意的，哪些事情没做好？反思没做好的原因，有什么经验教训？那些做得不错的工作，下次能不能保证做得更好？还有提升的空间吗？这一天的工作是否有可提炼的原则或方法？

　　需要强调的是，松下幸之助所谓的"反省"，不仅仅是针对"不好的事"或是"遗憾后悔之事"，也包括那些"做得不错""结果还满意"的事。松下幸之助强调，不能满足于好的结果，还要思考如何才能确保每次都有好的结果，要思考是否有更好的方法。思考本身也是"反省"，"思考下一步"即"反省"。"反"是指回顾，"省"是"仔细深入地思考"。

松下幸之助常常对身边的人说："懂得反省的人总会成功。一个人只有认真反省，才知道下一步要如何做，该做些什么，才能不断地成长。不反省，就会茫然不知所措，重蹈覆辙，反复犯同样的错误。"

然而，知易行难。无论是谁，要做到每天反省，并形成习惯，实则不易。松下幸之助提醒我们要克服困难，日积月累地坚持下去。

"反省、思考" —— "思考、实践" —— "再反省，再思考"，松下幸之助就是通过反省、思考、实践这样一套方法，得以成功的。

通过反省，人们还能够自然而然地生发"感恩之心"。松下幸之助在每日的自我反省中，总会想起"某件事是多亏了谁的鼎力相助""如果没有谁的细心负责，那件事就可能办不成"等。当我们拥有感激之情，你则会得到更多人的相助，也会更容易获得成功。

可以说，每日反省是通向成功的道路。反省使成功的三种基本心念：热情、真诚、素直之心，更加坚定与长久。

危急时刻的反省

每当企业在面对困难或处在危急关头时，企业家都有意无意地反省。

在中国近代的名士当中，曾国藩以自省与反思而闻名，而崇尚曾国藩的理念的 TCL 总裁李东生，也成为中国企业史上最擅长于反省的企业家之一。

1982 年，李东生在华南理工大学无线电专业毕业后，参与创办了 TCL；1993 年，36 岁的李东生担任 TCL 总经理，开始全面执掌公司，这一时期的李东生开始展现了他驾驭企业的能力。然而，接下来李东生领导下的 TCL 在改制、发展、全球化的路上并非一帆风顺，而是面临生与死的考验。

2004 年，TCL 集团在深圳证券交易所上市。同一年，中国商业史上发生了一件大事，那就是 TCL 并购了法国汤姆逊公司的彩电业务以及阿尔卡特公司的手机业务，这是中国企业国际化进程的里程碑事件，李东生也因此登上了美国《财富》杂志封面。

然而，也正是这两次国际并购案，让 TCL 陷入了极大的困境。并购后的第二年，两家企业同时出现巨额亏损，最终导致 TCL 年度亏损额接近 20 亿元。这也是 TCL 成立 20 年来首次亏损，其股票大跌，面临着退市的风险。随后，媒体和舆论开始质疑这起国际并购案，股东和员工也开始怀疑李东生的决定。最后所有的压力都压在了他一个人身上，李东生遭遇了他人生的至暗时刻，半年时间瘦了 20 多斤。

接下来的两年里，TCL 持续亏损，企业运营艰难，许多曾跟着他一起打江山的高管开始动摇，陆续出走，曾经的明星企业在风雨中飘摇。"我经历了一生中最难过的日子，做了十多年企业，一直是盈利，突然间就亏损了。跨国收购后，原来预计 18 个月扭亏也没有实现，面对员工、投资人、同行、政府，我感到很内疚、惭愧，自己的情绪甚至一度有点失控。"李东生在接受财经作家吴晓波一次采访时感慨地说。

好在李东生没有自我放弃，他想起了刚加入 TCL 时自己身上的那股热情和激情，那份理想和抱负，他对自己在国际并购案上的"一意孤行"进行深刻自我批判与反思。他意识到企业不是他一个人的企业，在这样的时刻，只有当每个一线岗位上的员工都站出来，TCL 这艘大船才能被挽救。

困境之中，李东生深夜里写下了《鹰的重生》，这是他剧痛之下的反思，"TCL 要么等死，要么经历一次十分痛苦的重生"。清晨时分，文章发表在公司的内网上。文章一字一句地发出"鹰的重生"誓言，这让很多 TCL 的忠实老员工感动流泪。令他没有想到的是，这篇文章竟然激发了员工的斗志，几万个跟帖评论，一个个不同凡响的创新念头喷涌而出。

从那以后，TCL 构建了飞鹰、精鹰、雄鹰等"鹰系工程"，建构了集团总裁等高级别领导直接带应届毕业生的"导师制"，把热情、激情、创造等理念植入新生代员工。由此企业开启了真正的"鹰的重生"。

李东生采取了扭亏、健康、成长三大步骤，经历了 3 年持续的"鹰系工程"人才培养计划，最终走出了困境，完成了鹰的蜕变。2013 年，李东生被《福布斯》杂志评为"中国上市公司最佳 CEO"；2014 年，上榜"中国经济年度关注人物"，荣获"创新推动"奖。

　　在李东生困难时期曾与他有过接触的学者秦朔很有感慨，他说："任何人都可能犯错，企业家就是风险和不确定性的承担者。这样的决策压力只有企业家才有，对与错，往往决定了企业的生死兴亡。而'反省精神'，可能就是企业家精神的核心所在。"

　　TCL是一家拥有近40年历史的企业，几乎经历和见证了中国改革开放的全过程。在这么长的时间里，困难和挫折都不可避免。作为企业家需要反思，但更为重要的是，是反思之后的变革和行动。

　　关于反省与反思，德国哲学家黑格尔有一句经典名言："哲学的认识方式只是一种反思——意指跟随在事实后面对既有经验和现实对象的反复思考。"而另一位古希腊著名思想家亚里士多德则说："人生最终的价值在于觉醒和思考的能力，而不只在于生存。"

　　关于"反省"，回到哲学层面探讨，人类之所以伟大，人类之所以能不断进化发展，归根到底是人善于总结反思，人类在发展过程中一次次的总结反思，形成了宝贵的智慧，这种智慧最终推动了人类的成长。

生存的意义与喜悦

　　"我们作为凡人，终究难免一死。但是，直到死亡来临的那个瞬间，我们都要以永生的心态竭尽全力。"

如何应对"不治之症"

在漫长的人生路上，有些事会让你感到无能为力，比如，面对疾病，总让人心烦气躁、郁郁寡欢。这时，你该如何面对？

22 岁时，还在大阪电灯公司工作的松下幸之助被诊断肺尖部有结核性病变，实际上就是肺结核的初期症状。在今天，人们听到肺结核不会那么大惊小怪，但在当时，肺结核无异于不治之症，十有八九会不治。

面对诊断结果，松下幸之助感到非常震惊。他的两个哥哥都是死于肺结核，当听到自己已处于肺结核初期时，他心想："这下轮到我了，要来的还是来了！"内心沉重不堪。

当时医生建议他回家休养三个月。但此时的松下幸之助既无父母又无亲戚，身无分文还无家可归。两位兄长患病的时候，双亲健在，家里还有少许钱财，因此他们得到了相应的休养，甚至转地做疗养，但遗憾的是最终仍然无力回天。而此时的松下幸之助，一旦休养就连基本的生存都保证不了，没有任何人可以帮助他。当时的工资是按日结算的，一旦停职，无疑断了生存的基本保障。

当时的松下幸之助处于"不休养也许一死，要休养则唯有一死"的窘境，内心凄凉，手足无措。心想与其坐以待毙，还不如痛痛快快地大干一场。他下了一个决定：工作一周，休息一天。

第五章　人生智慧

面对疾病与生死问题，松下幸之助抱着一种"在有限的生命里发挥人生的价值"的胸襟与气度，以积极的心态投入工作和生活，忘记疾病，在全身心的付出中感受和体味到生存的意义与喜悦。

说到结果，真是令人不可思议，他的病情没有恶化，在忙碌而充实的工作中不知不觉好转起来了。也许是精神的力量，最终他的身体好了起来。1894 年出生的松下先生，到1989 年逝世，享年 94 岁，就算在今天也是很长寿的。

疾病带给我们内省的机会

日本近代预防医学之父、《活好》畅销书作者日野原重明先生享年 105 岁，他人生的最后 20 年，都是在各种病痛中度过的。他对如何与疾病相处，有自己的感受和思考。

日野原重明说："人身上有一种不可思议的力量，病痛会让身体日渐衰弱，可是不久后，生命会从衰弱中产生一种类似于种子般的强韧力量。"

身患疾病的日野原重明，将病痛和身体的关系比喻为相扑运动。他说，最初疾病和身体发生"猛烈碰撞"，然后二者就像土表台上的两个选手，结结实实地扭打在一起，在决一胜负的过程中，疾病和身体产生了一种像纽带一样的关系。

于是，日野原重明认为，我们所斗争的，并不是疾病本身，而是心中那个想去实现的"理想的我"。

日野原重明认为，疾病是上天的恩赐，我们要感激疾病带给我们内省的机会。而当我们的亲人生病的时候，我们放下工作，长时间的陪伴，是另一方式的相处。此时每一分点滴的鼓励、关心，以及发自内心的祈祷和祝福，是人生中最美好的事情。

所以，要学会与疾病和平相处，珍惜疾病带给我们内省的机会，珍惜上天的恩赐。"所谓生命，是既然来了，就好好地活一次。"

向死而生，竭尽全力

松下幸之助有一个非常重要的哲学思想，即"生成发展观"。你也许会好奇，什么是"生成发展"？它对我们追寻人生意义又有何启发？

所谓"生成发展"，就是"日日新"之意。每一天都有新的人生，每一瞬间都是新的"生"之所在，也就是说每一天都是新生演变，每一瞬间都有新的生命在跃动。

换句话说，即旧的事物不断消灭，新的事物更替生成之意。任何事物都在不断地运动、发展、变化。旧的事物逐渐走向消亡，取而代之，新的事物不断诞生。这是自然法则，是生成发展的表现，也是万物变化的法理和进化的过程。

松下幸之助就是如此思考的，他说："有生命的事物走向死亡乃是生成发展的表现。死亡即消失，但它意味着随之而来的新生。不断地死亡，又不断地新生。这就是宇宙的天理。"

迄今为止，我们人类都本能地恐惧死亡，忌讳死亡，这种恐惧心理甚至到了无以复加的程度。而且世间的各种说教，也在宣扬死亡的恐怖，这也是人之常情。

关于"生死观"，有一则故事：

有一次，松下幸之助向一位禅师请教。他问："师父，禅宗将来会是怎样的呢？"

"会自然消亡吧！"禅师回答道。

"师父，您不是禅宗的信徒吗？既然您认为禅宗未来会消亡，那您现在所有的努力岂不是毫无意义？"松下幸之助不解地问。

"松下先生，宇宙万事万物皆有自己的生命周期，最后都会消亡的，这是恒久不变的事实。所以即使是禅宗，也有消亡的一天……"禅师答。

"如果是这样，那师父您尽心竭力地去传道说教，岂不是没有了缘由？"松下幸之助继续追问。

"人生本无意义，但在追寻人生意义的过程中，充满了意义。虽然我不知道自己的寿命何时会走到尽头，但直到我寿命结束的那个瞬间，我都会为禅宗献身，这是我人生的意义，也是我的职责所在。但如果你非要问我'禅宗将来如何'，我只能回答'将来一定会消亡'……"禅师微笑着。

"这样说来，松下电器早晚也会有垮掉的一天……"松下幸之助感叹道。

"所言正是，所以松下先生要想得开。"

　　松下幸之助回忆说，这次与禅师的对话，让他重新认识了生死，他觉得禅师真的非常伟大。禅师非常清楚，禅宗总有一天会灭亡，但是，直到那个瞬间来临，他都会努力尽职，站好最后一班岗。

　　"我们作为凡人，终究难免一死。但是，直到死亡来临的那个瞬间，我们都要以永生的心态竭尽全力。"松下幸之助说。

　　这或许就是人活着的意义吧，自古至今，所有伟大的哲学家都总结出类似的观点。

　　"你为什么要为生命的长度担心呢?"罗马皇帝、《沉思录》作者马可·奥勒留在他生命的最后10年，描述了他的生死观。他认为生命之要义乃是遵从理性和神圣精神，接受自然赐予你的任何东西。以这种方式来生活并非是害怕死亡，而是以平常心对待它。"在命令你前进的死神的微笑中，带着你的笑脸，继续走下去吧。"

第三部分

用人哲学

用人法则

第 六 章

每个企业都是一所大学

"每一个企业，都是一所大学，经营即教育。"

造物先造人

松下幸之助不仅是一位成功的企业家，还是一位教育家。在松下电器不断发展壮大的过程中，基于对人才的不断培育和对学校教育不足之处的认识，松下幸之助总结出一些行之有效的企业教育方法。

"造物先造人"是松下幸之助提出的影响深远的经营哲学和用人理念。松下电器从一个街边小作坊发展成为世界级的跨国企业集团，能够屹立百年而不倒，这与松下幸之助重视人才培育的用人哲学是分不开的。

1956 年，松下幸之助在一次人事干部研讨会上讲道："如果有人问松下电器是制造什么的，你们就要这样回答，松下电器是培育人才的公司，并且兼做电器产品。"松下幸之助不断教导人事部门的主管及各部门负责人："不管多忙，人才培育绝对优先。"

当松下电器成长为数千人的大企业集团时，公司开始展开自我研修和集体研修教育。自我研修是指员工自己去发掘问题，设立课题和目标，并有计划地实施。要想完成目标，员工必须不断学习和自我提升才行。集体研修是员工之间可以通过交流知识，发现自己或他人的不足。通过集体研修，员工之间还能增进了解，有利于建立良好的人际关系。

松下幸之助所倡导的理念是培养人才与生产产品同时进行，甚至前者重于后者。1936 年，他在大阪市门真村开办了"松下店员养成所"，并亲任所长（校长）。这所学校按照松下幸之助的设计，从小学毕业生中择优录取学生。在校学习的 3 年期间，他们每天学习 4 小时，实习 4 小时，结业时学完 5 年中学的教育课程，毕业生可比普通中学生提前 2 年参加工作。

在 20 世纪 60 年代，松下电器投放到研究上的经费，是全球各大企业中数一数二的，这些经费主要用于技术研发和人才培养。20 世纪 70 年代末，松下电器用于研究的费用达到每年 450 亿日元，研究人员多达 4000 人。

学徒经历使松下幸之助认识到实践性知识的重要："我认为，培养人才主要是培养所谓'临床家'。做事业或做买卖，可以说是活的东西，时时刻刻在变化。能够胜任这种工作的人只懂理论是不行的，还需要通过实践经营去掌握活的工作方法。"

每一个企业，都是一所大学

"每一个企业，都是一所大学，经营即教育。"松下幸之助认为，"企业经营应与教育结合在一起，而最容易培养人才的是人数较少的中小企业，而途径就是通过每天的工作，通过设计一个个的经营目标，不断研发新的产品……因为企业小，经营者的眼睛可以看到每一个角落，也可以和每个职工随时谈话。这样的环境里，不需要进行特别的教育和训练，通过每天的工作，每个职工可以自然而然地成为'临床家'。"

"老板是最好的老师"，松下幸之助认为，上司在实际工作中对员工进行指导，涉及经营理念、价值观，以及专业技能等各方面，要做到以诚相待，言传身教。

1970 年，松下幸之助创办了松下商学院。松下商学院是为松下电器培养销售精英的一年制商业学校，其教育方针和教学内容十分有趣，是一个传播和培育新理念、新思想和新方法的平台。

松下商学院对销售员工的培训从日常生活抓起，在日常生活中灌输给员工企业文化，并用中国传统文化改造学员的价值观、人生观和世界观。商学院融中国儒家哲学与现代企业管理于一炉，对学员进行严格的教育。商学院的研修目标是中国古典《大学》中的"明德"，竭尽全力、身体力行实践商业道德；"亲民"，至诚无欺保持良好的人际关系；"至善"，为实现尽善尽美的目标努力。商业道德课中，通过教授《大学》《论语》《孟子》《孝经》等经典著作让学生确立"经商之道"

在于"德"的思想。

至今，松下电器已走过了百年的历程。回望百年的发展史，松下电器之所以长久屹立于世界企业之巅，在于它把人的培育当作是头等重要的事情。松下电器在不同阶段，通过设立学校、商学院、大学的教育方式，不断培养人才。

从全球来看，世界500强企业大多数会在内部设立商学院或企业大学，除了定向培养人才外，非常重要的一个目标是打造学习型组织，毕竟学习能力是一个企业保持长青发展的核心。

全球第一所企业大学是美国通用电气公司GE建立的，取名克劳顿管理学院，成立于1956年，目的在于联结和发展GE的今日精英和明日之星。

成立之初的20年，克劳顿管理学院主要是培训产品和流程，让学员理解GE的业务板块及公司如何运作。20世纪90年代后，在新任CEO杰克·韦尔奇的领导下，学院开始设计一系列的领导力课程，由原来的产品业务培训，转型为发现人才、储备人才，将克劳顿从课堂转化为培养领导力的摇篮。并且，韦尔奇坚持每年亲自执教至少40个小时，通过互动教学的方式，宣讲公司理念，培养人才。

克劳顿不仅传播并宣讲着企业大学的核心价值，还敞开大门，接待来自五湖四海的全球客户。每年有超过1000多位客户来到克劳顿学习取经。克劳顿的开放让其成为代表GE文化及领导力的圣地，每年有90%的GE高管来到克劳顿，交流自身经验，分享最佳实践。克劳顿管理学院也被《财富》杂志誉为"美国企业界的哈佛"。

海尔集团企业大学创建于 1999 年，是海尔培养人才的摇篮，也是海尔人的学习平台和创客加速平台。

海尔首席执行官张瑞敏提出企业办大学，最关键的要素是内涵和软件，张瑞敏所说的"内涵"，主要指企业文化和精神的传承，海尔经过近 40 年的发展，一代代海尔人踏着时代的节拍，将资不抵债、濒临倒闭的集体小厂发展成引领物联网时代的全球生态型企业，这中间无数的奋斗故事，最后凝聚成的东西就叫"企业文化"，它是海尔的"魂"，通过海尔大学的校训"创新、求是、创新"来体现。

"创新、求是、创新"，是一个不断循环、螺旋式上升的过程。每一位学员，都要带着创新的动机来学习，然后提出创新的方案，带着创新的成果去实践。通过海尔大学的学习、互动、研究，员工总结出创新的普遍性规律，以指导实际工作中的应用。最后他再回到海尔大学的创新平台中进入一个阶段的更高水平的循环。

近年来，海尔提出"企业平台化、员工创客化、用户个性化"的发展战略，海尔大学相应地为新的发展战略培养人才，促进人人创客战略落地，帮助创业者在获得成功的同时也能输出海尔的创新管理模式。

海尔企业大学实现了对员工、对企业、对社会"三赢"的成果。为员工提供一个持续学习、个人成长、创新交流的平台；为企业沉淀经验与智慧，培养人才并创造价值，并为企业经营竞争力的提升贡献力量；对社会则输出海尔的创新管理模式和成果，树立了物联网时代企业管理的新路标。

无论是松下电器，还是 GE、海尔，他们都把企业当作一所大学，将经营当作教育，正如松下先生所说，"企业应像培育大树那样，点点滴滴、兢兢业业地栽培、灌溉，让员工从一粒种子成长为一棵大树，再到一片森林"。

企业为社会服务而存在

"任何一家企业都是为了服务社会而存在的，人才不是老板的私有财产，用人是公事。"

1976 年，福田赳夫任日本首相，松下幸之助受邀参加首相召集的一场座谈会。会议的主旨是为国家和社会培养人才出谋划策。轮到松下幸之助发言时，他说：

"人才培养是利国利民的大事，认真思考如何有效地培养人才，当然是值得称许的事情。但是，我的看法是，如果不事先定下目标，明确培养的是什么样的人才，就不可能成功实现人才培养。换言之，我们需要明确国家的发展目标是什么，为了达成这一目标，我们需要什么样的人才。"

只有明确了这一点，所采取的人才培养方式才是有效的。松下幸之助直言不讳，他认为，培养人才是国家大事，不仅国家需要有明确的计划和目标，企业经营也应如此，企业育人和用人，也是公事。

社会上有很多企业，小到个体商店，大到拥有几十万人的大企业集团，不同种类与规模的企业不计其数。其中，国家或集体出资的被称为"国有企业"或"公有企业"，民间出资的企业被称为"民营企业"或"私有企业"。从出资者角度看，无论是个体商店还是拥有众多股东的股份制企业都属于私有企业，法律上也承认这样的企业属于出资的股东所有。

然而，无论是国有企业还是民营企业，在本质上是不是都可以理解成公有企业呢？因为不管是什么类型的企业，它都是为了公众服务，为了社会而存在的。

以社区的 24 小时便利店为例。我们可以把便利店的经营理解成店老板为了生计而从事的经营活动，与此同时，人们正是因为便利店的存在能方便快捷地买到生活必需品。如果没有便利店，一件小商品，人们就得去距离很远的商超购买，对老人或家庭主妇来说，这是一件非常糟糕的事情。一方面我们可以把便利店看作为了个人的生计而存在的私有企业；另一方面从更宏观的视角来看，它是为了民众便利而存在的公有企业。

社区便利店的本质是公有服务机构，其他企业亦然。那些聚集了大量资本，占有广阔用地，拥有众多员工的大企业就更不用说了，他们不仅仅是股东出资的股份制企业，还是和便利店一般的公有服务机构。

因而，从本质上探究，经营者应该意识到企业的公共性，即任何一家企业是为了服务社会与公众的，人才不是老板的私有财产，用人是公事。如果无法意识到这一点，企业就不能真正地用好人才。

我们从事商业活动不仅仅是为个人、为一己私利，还应该有更高的认知和使命感，那就是提高人们的生活水平、满足大众需要，并促进社会发展。充分意识到自己的工作或事业的存在意义是为社会做贡献，这样就能把企业看成社会的公共机构，而经营企业过程中的育人用人行为也就不再是私事，而成了公事。既然育人用人是公事，经营者要明白不掺杂个人感情去开展人事管理的重要性。企业育人用人时必须以服务社会的使命感去判断什么是正确的，什么是错误的。

企业经营的重中之重，首先是明确何谓企业经营的使命，即企业经营出于什么目的，并且让企业员工牢记这一使命和目标，剩下的人才培养工作就顺理成章了，各层级的管理者为了达成目标，每天会殚精竭虑，思索着如何做才符合企业使命，使努力的方向一致，这样大家的共同拼搏才是有效的。

总之，企业经营者想通过人才培养让每个人都能大展宏图，首先必须清楚认识到"人"的本质特征，即每个人都具有优秀的潜质。与此同时，掌舵人必须不折不扣地实践经营者所肩负的使命。更为重要的是，企业领导者必须把企业经营的这一使命，向同舟共济的所有员工强力灌输、反复强化。

这便是合理育人、高效用人的基本之道。

尽力满足员工的需求

"尽最大努力满足员工的需求"是松下电器经营的一项原则，是松下幸之助先生对员工的关怀和尊重。

我们在开展一项经营事业的时候，有个问题从不会缺席，那就是人的问题。所谓人的问题，其核心内容各不相同，但归根结底，人的问题不解决，事业就无从谈起。只有将人的问题考虑得周全，尽最大努力满足人的需求，事业才会有所进展，成果也就自然可以期待。

艰难时期不裁员、不减薪

1929 年，美国遭遇全面的经济危机，日本经济很快也进入大萧条时期，整个国民经济陷入不景气状态，很多工厂不得不缩小规模甚至关闭，劳资纠纷不断。

此时，松下电器刚好新建了厂房，资金非常紧张，销售额减半，库存却达到了极限。松下幸之助此时正在病床上，如果不像其他工厂一样减薪裁员，减少生产和开支，恐怕松下电器将和其他工厂一样只能走向倒闭。

公司内部有高管建议，松下电器裁减一半的员工以减少企业压力，寻找出路。但是松下幸之助却作出了让人意想不到的决定：生产额减半，但不减薪，不裁员，工人只上半天班，其他的时间去销售积压在仓库内的产品。

在艰难时期，如松下电器这样不裁员、不减薪的公司实属少数，这让员工备受鼓舞，拼尽全力去销售库存商品，减少公司压力，结果是不仅库存商品销售一空，产品还出现了供不应求的局面，松下电器甚至创出了当时最大的销售额。

这种做法不仅让公司得益，在窘境中突围，更让员工视松下电器为家，上下齐心，热情地投入工作，从而也进一步促进了松下电器后续的发展。

松下电器历经第二次世界大战、多次经济危机，以及金融海啸，但松下幸之助始终认为，恶劣的经济环境是对企业最好的考验，此时企业不应该以此为理由随意裁员或减薪，而是应该号召全体员工与公司同甘共苦、共渡难关。而且，松下幸之助认为，艰难时期是企业练好内功的最好机会。当经济环境好的时候，大家忙着应付各种订单，而当市场环境不好时，反而是公司培养员工学习技术的好机会。

松下幸之助形容说："生意就像天气一样，有的时候阳光明媚，有的时候阴雨沉闷，偶尔也会狂风暴雨，在天气不好的时候，我们不要责怪自己运气不好，应该多反思，平日是否为坏天气做好充分准备；遇到恶劣天气也不要慌张，而是沉着应对，大家同心同德，克服艰难，必定迎来阳光……"

正是因为松下幸之助这一份乐观精神，工人们没有过多地为经济危机忧虑，担心自己的失业问题，而是更感激企业，为企业做出了更大的贡献。这也是每次面临危机之时，松下电器总有新产品推出，总能走出困境的原因。

2020 年开局，新型冠状病毒来袭让全国上下措手不及，疫情肆虐、人心惶惶、企业面临生死考验。可是还有一些企业却翻开硬币的另外一面，在危难中求生，抓住转瞬即逝的机会，不仅活下去了，还活得很好。

这其中隐含的"秘密"有：领导者带领全体员工应对危机的意志力，企业长期积累的变革能力，以及各层级员工团结一心所释放出来的创造力等。永远记住：不确定的是环境，确定的是自己。

高薪、高福利留住人才

1951 年，松下幸之助到美国考察海外市场，学习更先进的技术。当得知通用电气员工的工资水平时，他很是吃惊。当时，通用电气生产的一台标准收音机的售价是 24 美元，工人日平均工资 12 美元，也就是通用的工人只要工作两天就可以买一台收音机；而松下电器的收音机在日本国内的售价是9000 日元，当时工人的月平均工资 6000 日元，工人得工作一个半月才买得起一台。这一对比让松下幸之助着实吓了一跳。

松下幸之助回国后，开始着手提高松下电器的工资水平，并制定了"高效率、高薪金"的薪资理念，致力于提高员工的总体工作效率，以实现在行业内"效率第一、薪金第一"的目标。

除了在薪金上留住员工，松下幸之助还在福利上下功夫。

这些举措在今天看来依然是没有过时的。比如，松下电器兴建员工住宅、宿舍、医院，还有"保健中心"。所谓的"保健中心"是松下电器的一大创意，包含了体育、休闲、会所、结婚礼堂等服务。公司的福利涉及员工生活的方方面面，员工及其家属都能从中受益。

松下幸之助还建立了"储蓄金制度"，鼓励员工向公司投资，员工35岁之前拥有住房制度，将退休金改为终身养老金。员工的生活水平和生活质量有了保障，没有了后顾之忧，当然会尽全力地为公司服务，这也是松下电器具备很强凝聚力的原因。

松下幸之助一生都在致力于消除贫困。他认为贫困不是人类与生俱来的，生产的最终目的就是消除社会贫困，而提高职工的生活水平，让员工同时获得物质和精神两方面的富足，成了松下电器必须完成的使命和任务。

与国际接轨：五日工作制

1960年，松下幸之助发布了一个重要决定：松下电器将在5年后实行每周5天工作制，并且员工工资不会因此而减少。

当时，五日工作制已在美国、欧洲等发达国家普遍实施，但在日本国内尚未被企业采用过。松下幸之助在日本提出五日工作制，完全是站在国际视角、经过深思熟虑而作出的决定。

　　松下幸之助对当时的国际形势作出预判，他说："今后国与国之间的竞争将日趋激烈，自由贸易制度两三年后即将实施，日本将不得不置身于世界产业竞争的大舞台。如果日本没有比拼的实力，那将陷入艰难的窘境。"

　　在这种形势下，松下电器将要面对的是海外大量电器产品的涌入，这将是一场实力的大比拼。因此，松下电器要改善工厂的设备，能自动化的就自动化，借此大幅度提高生产效率。

　　接着，松下幸之助看到了"人"的因素，他认为企业在参与国际竞争时，最关键的因素是"人的效率"。他说："员工每天经过 8 个小时高强度劳动，会相当疲劳。一旦疲劳，体质就会变差，创造力也会下降，工作就很难做好。因此，为了让员工们精神饱满地开展工作，公司就必须做出改革，将原来的每周休一天增加为每周休两天，即工作 5 天休息两天。这样既使工作后的疲劳得以恢复，还能增加员工学习和陪伴家人的时间，让员工幸福，何乐而不为呢？"

　　当时，美国工人的人均产值是日本的好几倍，整个国家的经济活动也生机蓬勃，工人还有足够的时间消费，并享受生活带来的乐趣。

　　当松下幸之助正式发布五天工作制时，社会各界反响强烈，有表示赞赏的，也有强烈批评的，甚至有制造业的同行指着松下幸之助骂："你这是在制造混乱！"

　　这些反应都在松下幸之助的预料当中，但松下电器的工会提出反对，这是松下幸之助始料不及的，尽管他已做出了"员工五天工作制的同时薪资不减"的承诺。松下幸之助做了细致耐心的解释，直至第四年工会才理解了他的本意，转变了态度。

自1965年4月起，五天工作制在松下电器正式开始实施，此后，日本的企业纷纷效仿，并且这种工作制成为日本企业的主要工作形式。

中国也是从1995年开始实行，职工每日工作8小时，每周休息两天的40小时工作制度的。今年，尽管许多制造型企业仍然是劳动密集型企业，但多数经营者已意识到，通过提高生产效率来提高产量和增加工人工资的重要性，许多企业也在不断地引进更先进的自动化设备，革新技术，降本增效，还有部分企业已走在数字化制造的道路上。

企业的生产经营离不开人，人的经营是企业管理的核心。企业就像一艘船，员工在船上各司其职。作为一名经营者，他好比是船的舵手，要指挥好船的方向，也要保障好船上人员的安全，和船上人员能保持良好的关系，这样他的企业才能在商海中自由遨游。

"尽最大努力满足员工的需求"是松下电器经营的一项原则，是松下幸之助对员工的关怀和尊重。松下幸之助一生为人谦和，虽是公司的最高领导人，却对公司的每个人都彬彬有礼，他一直视员工为企业的最大财富。松下幸之助在企业最艰难的时期，依然坚持以满足员工的需求作为最大的任务，能做到这一点，实在是难能可贵。

今天，中国的许多企业依然面对着疫情下低迷的市场环境，只有企业上下齐心协力才能共同渡过难关，"齐心"是一个很重要的因素，经营者一定要以全体员工为本，才能有更好的发展。

热忱胜于一切

"能力有 60 分即可，最重要的是热忱，有热忱足矣"。

胜于一切的热情

企业都渴望得到能力高的人才。那么，多少分的能力才算合适呢？能力对于成功来说究竟有多重要？也许有人认为，权限只能委任给优秀的人才。

一般来说，能力指数在 80 分以上为所谓的"优秀人才"，那么 60 分以上、80 分以下的即为"合格人才"。松下电器刚刚起步的时候，还是大阪的一个小作坊，在吸引优秀人才方面并没有什么得天独厚的优势，它只能吸收三井、住友、三菱等大企业所不要的人成为职员。尽管如此，松下幸之助却不断地将权限委托给这些人，把重要工作分阶段交给他们去做。

松下幸之助回忆说，他的事业迅速成长，正是这些被视为"次级人才"的人一手打造出来的成果，"60 分能力"其实也有独特的优势。

"一个人只要有 60 分的能力，就可以不断地把工作交给他去做，"这是松下幸之助的人才观，"能力有 60 分即可，最重要的是热忱，有热忱足矣"。

有 80 分以上甚至 100 分的能力固然很好，但这样的人实属罕见，只能靠运气才能得到。有 60 分的能力，再以满腔的热情投入到工作中，这样的人一般都会成长起来。人的热情程度很难改变，但能力却可以通过后天的培养而稳步提高，我们通过一个模型来解释。

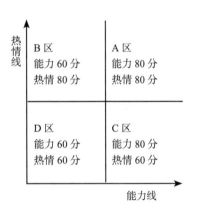

以上为"能力 - 热情度"四象限图。A 区代表着能力线和热情线均在 80 分或以上，这样的人才可望不可得，一旦拥有，须倍加珍惜，委以重任，并努力培养成为未来的核心经营者。

B 区能力 60 分，热情度 80 分，这区间的人才符合松下幸之助的人才观，可重点通过赋予责任，分阶段授权，使其能力逐步提升，这样的人属于内部培养，往往忠诚度更高，对公司心存感激。

C区能力80分，热情度60分，这区间的人才能力虽够，但热情度不够。这样的人，需要明确职权，以项目制作为工作委任的重点，发挥其技能，通过契约制，使其发挥更大潜力。

D区能力和热情度都是60分，属于能力和热情度都不够的，是企业重点考虑淘汰的对象。

"一个缺乏热情的人，能力是不会有所提升的；而满腔热忱的人，其能力与热忱会成正比增长。"这是松下幸之助的人才观。"60分的能力"与"胜于一切的热情"，只要二者兼具，就可以不断地被委任权限，让其担负起工作重任。

那么，是否一定要能力指数很高的人才能担任领导者呢？

松下幸之助认为，"即使才疏学浅，也可以成为领导者。但是，如果领导者缺乏热情，是绝对领导不了别人的。"

作为领导者，有知识、有经验、有才能、有人格魅力，这样的领导者是最理想的了。但现实中这样出类拔萃的人是可遇不可求的，大多数人都是在某一方面比别人出色，而其他方面可能稍逊于他人。领导者也是普通人，不能过高地期待他有多么完美。

因此，上司在很多方面不如下属是正常的事，但唯独对本职工作的投入、对工作的热情、对理想和使命的追求不能输给任何人。松下幸之助在一次演讲当中曾经这样说：

"我小学四年级就辍学，在知识和学问方面有很多不足。在这方面，别说比人优秀了，甚至可能是最差的，而且身体也不好。但即使这样，我作为公司的总经理，能够领导那么多员工，让他们发挥各自的特长为企业工作，也完全靠的是这一点——工作热情。"

在飞速发展的现代社会，技术方面的突破和发展日新月异，商业变革层出不穷。企业领导者不必要为此过于焦虑，只要略知一二，然后赋予年轻的员工责任和信任，让他们去创新，正所谓术业有专攻，各个领域都有专业人士，让他们放手去做就好。领导者只要做到一点就可以，那就是对事业保持极大的热情。

只有这样，作为领导者的你，才能让有智慧的人发挥其智慧，有力气的人发挥其力气，有才华的人发挥其才华，各司其职、各尽所长地为你工作。

"60 分"哲学

松下幸之助后来将"60 分"上升到哲学层面。他的这种"60 分"标准，不仅是任用人才的标准，也是衡量一切事物的标准。

人生路漫漫，很多工作，并不只是有 100 分，还有一条鲜红的及格线，也就是 60 分。例如，开始做一件事的时候，你会为成败感到不安，需要做出种种判断。但人非神，不是先知先觉者，不可能做出 100% 正确的判断，也不可能 100%

地做出成绩。因此，松下幸之助说只要有60%的把握，判断就算是妥当的，可以为之。

"大家都是凡人。即使能够进行预测，最多也就预测60%，其余的全凭热情、勇气与执行力。只要能做到这些，就可以果敢前行。"松下幸之助说。

对于任何事，松下幸之助似乎都爱把"60"这个数字当作标准。我们不可能100%成功地预测，很多失败反而是由"100%没问题"的安心感造成的。60%的成功可能性更能激励人奋发图强，努力拿出100%的热情、100%的勇气与100%的执行力去做。这样，60%的成功可能性就能带来100%的成功。这是松下幸之助的亲身体验，也是他的切身感受。

此外，60分哲学，还是一种典型的实用主义哲学。实用主义哲学，产生于19世纪70年代，于20世纪成为美国的一种主流思潮，有关著作《实用主义》是一本决定美国人行动准则的书，它是美国的半官方哲学。实用主义把确定信念作为出发点，把采取行动当作主要手段，把获得实际效果当作最高目的。

坚守信念：追求工作的意义

一套明确的、始终如一的、有意义追求的经营理念，可以发挥极大的效能。

每一位经营者都可以问一问自己："我们除了追求利润之外，还有没有其他追求？如果有，这种追求是什么？这种追求的重要性和强烈程度如何？对于这种追求全体员工是否有共识？这种追求是如何表达和传播的？"

这一问题不仅是企业应该回答的问题，而且是每一位员工都要明确回答的问题："工作的意义是什么？"

我们每个人的人生都是无可替代的，每一天的光阴都不能浪费，而应在充实和喜悦中度过，这才是人生的真谛。因此，经营者要坚定信念，明确企业的使命，而每个人，则要认真思索自己工作的意义何在。所有的工作都是有意义的，关键在于，你究竟是怎么想的。

明确事业的意义

经营者要明确事业的意义，也就是企业追求的经营目标和经营理念。事实证明，一套明确的、始终如一的、有意义追求的经营理念，可以发挥极大的效能。

创立于1923年的迪士尼公司，其使命是带给世人欢乐。成立近百年来，迪士尼一直坚持以"为顾客带来欢乐"为经营目标，公司全体员工都坚信并奉行这一理念，无论何时何地，迪士尼员工都会带着笑容工作，每一次迪士尼之旅，都会带给顾客以美好的回忆和快乐的感觉。迪士尼的创始人沃尔特·迪斯尼在生命的最后一刻，手上还拿着纸笔在为小朋友画着动画，正是因为他的信念与坚持，迪士尼得以在百年的市场风云变化中生存下来，不仅超越了众多竞争对手，多年来位居全球品牌价值百强企业榜单。纵观该榜单，多数是可为顾客及社会创造不可替代价值的公司，他们也都有一个明确的、持续的、并富有意义的使命和愿景追求。

松下幸之助在创业后不久，便逐渐明确松下电器的经营理念，这一理念可以为松下电器自身事业的发展提供方向性的指导作用。其理念具体来说就是：把企业的生产制造活动当作一份神圣的事业，为消除贫穷、为大众谋求和平幸福的生活而奋斗不息，生产出无限量像自来水一样丰富而有价值的产品，推动社会不断地向着物质丰富的方向发展。

正是松下先生怀着如此的胸襟和气度，始终秉持着服务社会大众的理念，松下电器才得以葆有长久生命力。

有人形容松下幸之助将经营事业变成一种宗教信仰，这里有一个故事。

1933 年，松下电器的一位经销商游氏，也是松下幸之助的好朋友，因诸事不顺后选择信仰宗教，后来就一直邀请松下幸之助前往寺庙参拜。在游氏一再地、很有耐心的劝说下，松下幸之助答应他前去参拜一次。

日本大大小小的寺庙很多，此前松下幸之助也去过不少寺庙参拜，但这一次的参观，却让他有一种不一样的感受：整个寺庙主建筑宏伟壮观，雕刻细腻，更关键的是十分整洁，连一点灰尘都没有。

接着，游氏带着松下幸之助参观正在建设中的教主殿，眼前的场景是：工人们满头大汗，却是十分虔诚地在作业着，这种感觉与其他建筑工程的工地氛围完全不同。游氏解释说："他们都是义工，是自愿服务的信徒，没有工资领，还要自己承担往返的车费、餐食……但每天登记做义工的人很多，以至于还要排队才能安排作业……建筑用的木材是全国各地的信徒捐赠的，这里大概有一万多个信徒……"

听到这里，松下幸之助十分震惊，强烈的感动和感激之情涌上心头，他感慨着："宗教的力量果然是那么伟大"。

与游氏道别后，他独自搭乘火车回家。回去的路上，他闭目沉思，思绪里萦绕着这一天的收获，他将这一天所参观的设施、规模和制度，以及所看到的信徒态度，这种种的一切，拿来与自己的经营事业作类比。

那么多人快快乐乐地工作着，并且十分地认真、用心。不但自己快乐，也要别人一同快乐，实在是令人敬佩。松下幸之助慢慢地想把这种使人乐意尽全力工作的宗教信仰，转移到松下电器的经营事业上。

回到家中，思绪仍然不断，到了半夜，松下幸之助依然无法入睡，这次参观给他太大的触动了，他思考着那些信仰宗教的人可以分文不取而热情地自觉工作，而工厂的工人领着报酬却还牢骚满腹呢？

松下幸之助经过一段时间的学习、思考，他十分肯定地认为宗教精神能够移植到企业的经营当中。他立志不但要创造丰富的物质，安顿人们的身躯，还要构建企业的精神支柱，以安顿他们的心灵。

　　某种宗教的事业重点在于开导有烦恼的人，令他们心安，这是一份神圣的事业。而企业的事业是生产人们生活中的必需品，令他们满足，这也是一份神圣的事业。企业生产是"无中生有"，消除贫穷、创造财富，这是很有意义的工作。松下幸之助想到这里，脑海中便产生了一股灵感："我们的经营、我们的事业，可以把它经营到得比某种宗教更为神圣、更有意义的境界。"

　　将信仰和企业经营联系在一起的，松下先生大概是第一人。松下幸之助受宗教精神启发要服务于社会的事例告诉我们，经营事业要有明确的意义，任何企业活动都要回答这一问题，一切管理都需要围绕着它进行。

松下七精神

　　松下幸之助在培育精神方面，有自己独到的方式。在创业前期，他就运用朝会、夕会方式，召集员工一起唱社歌，朗读"松下七精神"。其所能达到的效果是让松下精神和要义深入到员工的骨髓里，这种精神和口号被天天讲、日日讲。这既团结了员工，又鼓舞了士气。

　　松下电器全体员工和睦相处、团结奋进、统一步伐，具有高度的合作精神和浓厚的和谐氛围，跟松下电器每日必做的功课（朝会）是分不开的。所谓朝会和夕会，就是在每天上班开始的 5 分钟和下班前的最后 5 分钟，各部门的全体员工要在一起宣誓和总结。具体来说，朝会的时候，要唱社歌，还要朗诵松下电器的"七大精神"。

"松下七精神"源于松下先生创业早期每日训诫员工的总结，1933年经过归纳，提炼成七种精神，要求员工日日奉行。这七条精神是：

第一，产业报国精神。我们从事生产事业的人，一定要以此作为精神目标。

第二，光明正大精神。做人如果不光明正大，无论他的学识、才能有多么高，都不会被人尊重。

第三，亲爱精诚的精神。如果只有优秀的个人，却不能团结，就如同一盘散沙，毫无用处。

第四，奋发向上的精神。唯有奋斗到底，才是唯一出路。没有这个精神，就没有真正的和平与进步。

第五，礼貌谦让的精神。如果做人没有礼节，缺少谦让的精神，社会秩序就要混乱；有了正确的礼节和道德，人与人之间就能和谐相处。

第六，顺应同化的精神。这是大诚的表现，不顺应社会大势，事业就不会成功；要有一颗包容万物、忠诚服务的心。

第七，感恩图报的精神。这是最高的道德表现，是获得幸福的源泉，它能体现自己的价值。

松下电器朝会上朗诵"七大精神"的制度被确定了下来，以后再没有被变更过。除非休假日，否则朝会必定是每天的必修课。今天的松下电器，被各界认为是具有独特的风格。

员工们始终认真工作、士气如虹，相信这是受了"松下七精神"的影响。

松下幸之助排除万难坚持的这种制度，其实是蕴含着科学精神的。其一，朝会和夕会其实就是反复陈说重要事情、及时解决新问题的一种机制。其精神和内涵，与我国先秦时期儒家思想代表人物荀子所说的"君子博学而日参省乎己，则知明而行无过矣"是不谋而合的。其二，朝会和夕会不仅有助于明确上下班界限，整顿精神，也能传递信息、交流感想，使上下团结一致、同心同德。其三，这一制度是松下幸之助在经过对人和人性的深刻洞察后提出来的，"松下七精神"是最重要的魂，重要的事要反复说、天天说。

松下幸之助认为一个真正的企业家不仅在于其是创造利润的高手，更在于其是一个有使命担当、有意义驱使、兼具高尚品德的人。松下幸之助贡献给社会的经营理念，是在宗教精神的启发下形成的，更为实质的是基于对人和人生意义思考提出来的。松下幸之助认为，人在年幼时需要父母的抚养、社会的培育，长大了就应对社会有所回报；企业也应如此，这是松下电器经营理想最简明的逻辑。

人人皆是经营者

"人人应具备经营意识，人人皆是经营者。"这是松下电器成功的重要经验。

人人应具备经营意识

1933 年的一天，松下幸之助突然感悟到一件事，认为它非常重要，甚至关系到企业经营的成败。出于这样的考量，在下班的时候，他紧急召集全体员工，表达了自己的看法：

"我知道大家工作了一整天，都是又累又乏。不过，我突然想到了一件事，想占用大家一点儿时间。我发现，近来可能是因为我们公司业务不断发展壮大，所有的人都疲于工作，根本无暇考虑是否还有更有效的工作方法，而只是机械地照流程处理各项事务，这种倾向极其严重。然而这对工作而言，是有百害而无一利的。这样下去，是不可能有任何进步的。"

"我们所有人，必须把自己的工作当成一项事业来用心经营。不管是多么微不足道的工作。在把它当成一项需要认真经营的事业的时候，你就会发现有很多地方值得进一步改良，从而给工作带来崭新的变化。这个社会上每个人都在同样努力地工作，而能够功成名就的人却是凤毛麟角。这就是因为大家缺乏我所说的经营意识，没有用心进行研究探索，只是被工作占据了全部心神。"

"咱们松下电器制作所，如果只是这种人的聚居地的话，就毫无未来可言。我希望每个人有一天离开松下电器的时候，都能够独当一面，任何事都能够出色独立地完成。而只有当松下电器真正成为这些人的集合体的时候，公司才能达到预期目标。大家必须认真考虑，如果我们每个人每天都在不断培养自己作为经营者应具备的素养，那自己在未来该会成为何等强大的存在呀！"

松下幸之助的谈话，总结为一句话：人人应具备经营意识，人人皆是经营者。这也成为松下电器成功的重要经验。

当员工具备经营意识的时候，他就会主动追求更好的表现，努力寻找新的方法，为工作带来变化和革新。人不是机器，人需要活用自己的智慧，在创意方面下功夫，"日日新"同样成为松下电器的经营哲学，每天都有新的变化，这才是经营之道。

在此经营意识的基础上，1933 年松下幸之助首创企业各部门独立经营的"事业部制度"。这样做有两个目标：一是成立事业部，能够清晰看到工作成果；二是责任经营会带动整个事业部不断自我检查。一个部门赚钱了，不会分给另一个部门，每一个事业部要靠自己想办法盈利。

由于每一位事业部的主管，在自己责任范围内，都能主动热心地发挥创意和才能，所以，当时还未跨出中小企业范围的松下电器，能不断开发新产品，屡获佳绩。同时，由于会计预算独立的缘故，各事业部绝不会盲目做超出自己实力的扩充，而会按部就班地巩固经营基础。

事业部制还有一个好处是权责划分清楚，把同一商品的生产和销售放在一条阵线上，就能有小企业灵活机动的优点，在面对市场竞争时，更能发挥其优势。

以制造小型马达为例，1933 年 4 月，公司设立了事业部制度，7 月开始着手研究小型马达制造。当时人们颇不以为然，总觉得马达这种东西是动力电机厂的产品，不适合生产家电用品起家的松下电器开发，而且曾经以制造马达闻名的奥村、北川两家公司，先后宣告破产倒闭，大阪一带，没有一家电机制造厂敢再冒险生产。

马达事业部成立后，松下电器派出刚从高等学校毕业才3个月的佐藤士夫负责研制。佐藤在学校里只学到一点理论知识，一开始，他从收购来的马达下手，拆开观察研究，松下电器给他5万日元研究经费，又派了一名京都大学电机系毕业的桂田德胜君辅助他。在重重困难下他备尝辛劳，终于在次年11月完成了小型马达的研究，命名为"松下开放型三相诱导电动机"，并开始制造销售。这项产品当时获得的评价，与当时闻名国际的三菱马达相比竟然毫不逊色。

随着事业部制的实施，1934～1935年间，松下电器陆续开发出各种新产品、制品超过600种，从业员工超过3500人，迅速成长为电器制造界的"小巨人"。

事业部制的特点，是从研发到生产、销售、宣传等，全部严格地实施公司内部各组织单位的全权责任制。这些事业部的部长，都以自己的名义设立账户，财务实行内部核算，当然工作也由自己全权决断。这样，每一个事业部实质上和一家独立机构相差无几。事业部制度这种分权组织的制度，在当时的日本是首创，后来，这种制度虽经过一些调整，但大体上还是被保留下来，成为日本企业的基本经营制度。

后来，京瓷的稻盛和夫在松下事业部制的基础上，创立了"阿米巴经营模式"。它倡导全员参与经营，再次提出"人人皆是经营者"的经营理念。阿米巴经营模式把单调乏味的员工岗位职责，变成员工能感受得到的一种使命和责任，通过阿米巴经营，员工发现自己"很重要""很关键""很有影响力"。同时，通过阿米巴经营模式，京瓷的员工清楚地看到自己对经营结果的影响。这样，他们就会在取得成功时体验到荣誉感、自豪感和价值感。

德玛仕的实践

位于广东佛山的德玛仕公司，是一家专注于商用厨房设备制造的品牌企业。公司董事长黄正祥深刻理解"人人皆是经营者"的理念，从 2017 年开始，德玛仕就致力于提高每一位员工的经营意识，实现全员参与经营。德玛仕以部门为单位，通过独立核算利润，激活小组织的创新与活力，提升企业经营效益。

比如产品研发部。研发是一个极其重要的部门，但很多企业存在的问题是研发部的考核不清晰，很难有效激励，研发的产品常常脱离市场，或研发周期太长，无法适应市场快速变化的需求。德玛仕的做法是，对于成功开发上市的产品，负责研发的人员一年内可以从产品获得的净利润中持续分享奖励，因而研发部就有动力去和市场及销售部门保持良好的沟通协作，并主动去考虑产品的市场需求、成本预算等，还会在时间进度上去全力配合市场。这一机制的调整，让研发部转变成经营者。

再说采购部。采购部的规范管理和有效激励是多数企业的难题，面对采购部最常见的回扣问题、成本问题和效率问题，德玛仕同样用数字说话，考核净利润，通过会计成本核算，将采购部成员的收入直接与公司净利润挂钩，当采购部自己成为"经营者"的时候，他们考虑的是如何降低采购成本，如何做好供应链管理。

接着是销售部。传统企业的销售人员，他们的薪资结构是底薪加提成，这样的结构，造成的问题是销售人员总会觉得自己家的产品贵、市场推广不够、产品品类不够多、产品不够有竞争力等，他们常常想着只要把东西卖出去就好，至于有没有利润跟他们一点关系都没有。德玛仕的做法是"降低业绩提成比例，提高净利分红比例"，独立核算每个销售门店、销售小组，甚至每个人创造的净利润，红灯代表亏损，黄灯代表持平，绿灯代表盈利。持续的红灯，代表店长或成员要被替换或淘汰。而对于绿灯的门店或个人，可获得的"分红"就会更多，这样销售部就成为一个个独立经营的小组织。

最后是财务部。德玛仕对财务部有三个核心功能定位：一是做到玻璃式经营，把财务数据做到公开透明，为公司及各部门经营决策提供最真实的数据；二是最大化利用公司资金，这里包括滞销指标、资金周转率等，这些都是财务需要重点关注的指标，还包括应收账款的催收、合理的财务规划、现金资产的理财等；三是为经营目标及进度做数据呈现及跟进。最终，财务部所创造的价值，都可以用数字来呈现，价值增值部分，就可以成为财务部的"分红"。

从 2017 年变革以来，德玛仕每年不仅销售额翻番，更重要的是净利润指标让每个部门都成为"利润部门"。与此同时，员工的角色也从经营的旁观者转变成经营的参与者。通过独立核算和财务透明，员工看到他努力的成果，感受到经营的成就感，这正是"人人皆是经营者"的成功实践案例。

黄正祥深受松下幸之助的经营思想的影响，他说："作为领导者，最重要的工作是如何激励人，如何做到全员参与经营。充分发挥每一位员工的主动性和创造性，持续自主成长，鼓励全体员工为了公司的发展而齐心协力地共同参与经营，在工作中感受人生的意义以及成功的喜悦。"

五项修炼

第 七 章

持之以恒，直至成功

"经营者若常心怀大志，竭力而为当为之事，则无论遭遇怎样的困难，都必有解决之路。经营成功之要谛，在于持之以恒直至成功。"

——松下幸之助

专注做好一件事

1982 年 4 月，在一次分享会上，松下幸之助说："时至今日，我已将近 90 岁，见到过各种各样的人。这些人中有很多人生意做到一半就另起炉灶，改行做其他，甚至一两年就换一个行业。这样的人也有成功者，但多数都失败了。就个人的观察，轻易改变初衷者，最终失败的居多。"

松下幸之助 60 多年的经营总结，告诉我们一个道理：从头到尾专注做好一件事，看似困难，但它的效率却是最高的。

10 余年来，作为商业观察者，我陪伴和见证了许多创业者从 0 到 1、从 1 到 N 的成长蜕变。这些经营者之所以能带领企业走向成功，他们身上有一项非常重要的品格，就是不忘初心，坚持不懈，遇到困难时从不半途而废，反而专注做好一件事。

广隆蛋挞王是广东珠三角地区一个知名品牌，主打"蛋挞"，它将一颗蛋挞做了20年。多年来耳熟能详的品牌宣传语是"将一颗蛋挞做到极致"，这是一份坚守，更是"专注做好一件事"的经营智慧。

2001年，广隆创始人张灶金夫妇，怀揣一个简单纯粹的梦想，用所有的积蓄，在东莞虎门镇东方小学旁租了间不到30平方米的小店，取名"广隆面包房"。夫妻俩开始了创业生涯，每天起早贪黑，小店的生意也渐渐好了起来。

随着周边竞争对手多了起来，面包店面临的竞争激烈，夫妻俩不断尝试各种产品品类。在严重同质化的面包市场，夫妻俩经过认真对比思考，决定精做一款产品，那就是"蛋挞"，把它做成特色，与其他面包店形成差异化。

2005年，"广隆蛋挞"横空出世，其凭借自身纯正的口感和大众化的价格广受大众欢迎。随后，张灶金夫妇决定顺势而为，改进配方，优化口味，将单一产品做到极致。

事实证明，这一专注的经营策略让广隆赢得了竞争优势，在经营效率、产品品质上都比对手更胜一筹。截止到2020年年底，广隆蛋挞王连锁经营店已接近400家，平均每天卖出超过15万只蛋挞，成为名副其实的"蛋挞王"。

广隆创始人张灶金在企业20年创业纪念日上做经营总结时说："10年干一个事跟一年干10个事的人，未来的命运会截然不同！只有在一个方向上的积累才会显出他的价值。"

生于忧患

经常有人对松下幸之助说："松下先生您的事业真的是无比顺利，松下电器取得了巨大成就啊。"

每次听到这样的赞美，松下幸之助总是会陷入沉思，久久不出声，他的心里喜忧参半。

松下幸之助说："真实情况是问题到处都是，这就是经营的真相，也是人生的真相。"

企业的问题伴随着企业而生，只要企业还在，问题和困难就不会消失。当我们谈到企业的经营者时，无论在哪他一定都是最为操心的人。企业经营者不能没有忧患意识。

随着松下电器的发展壮大，松下幸之助先后辞去了总经理和董事长职务，后来只担任企业顾问。但因为松下幸之助是企业的创始人，所以他也是任期为"终身的"经营者。

松下幸之助说："放心不下就是我的命运，也是我作为创业者的宿命。如此想来，我的忧患意识已成为我生存的价值。若是我认为自己已经没有任何可忧患之事，一切无比顺利和放心，那我的生存价值也就没有了。"

虽然担忧的事情很多，但换个思路来看，正是因为有了忧患意识，经营者才有了生存的价值。

华为公司顾问田涛老师写过一本书，叫《下一个倒下的会不会是华为》。有一次我与他交流，委婉地问了他关于书的问题，我说："您作为任总多年的朋友和顾问，这本书的主题会不会让任总很不舒服？"

田涛老师笑着说："这是任总的经营哲学，他每天想的都是华为如何死的问题，他办公室最显眼的地方放的就是这本书。"

任正非是中国企业界中极其具有危机意识和忧患意识的一位企业家。在 1992 年，华为营收额突破 1 亿元，这时候华为内部开了一次员工大会，当时任正非讲了一句话："很庆幸，我们终于活了下来。"或许这句话的深义只有经历了那个时代创业艰辛的人才能体会得到，这背后蕴藏着多少酸甜苦辣。

1998 年，世界遭遇互联网的寒冬，那时任正非写了一篇文章叫《华为的冬天》。在这篇文章里面说到，这 10 年以来，任正非天天思考的都是失败，对所取得的成功视而不见。我们不难看到任正非骨子里那种危机和忧患意识是多么强烈。

当华为已然成为全球移动通信领域巨头时，我们却看不到任正非有一丝丝骄傲的影子，他经常在内部提道："华为已经进入了一个无人区，前面有可能是万丈深渊，稍有不慎就会跌进去，陷入万劫不复之地。"

中国的古老哲学"生于忧患，死于安乐"，应该成为每一位经营者时刻铭记的格言。人有忧患意识才是人生的价值所在，也即所谓的"生于忧患"。假如一切都顺风顺水，人生的价值就体现不出。所以，人生的价值必须靠自己创造。

经营意志力

对于企业来说，危机非偶然，或早或晚，或大或小，总会被遇到。

2020 年开始的新冠肺炎疫情席卷全球，世界的连接被中止，全球的经济活动被按下暂停键，继而企业界面临着一场"生死大考"。每家企业、每位员工都被推上了战场：面对同样的危机，谁能活下去？在面对生命历程的种种危机和逆境下，企业又如何一次次扛过来？

在任何一个经营时期，人们是否具备经营的意志力是对企业有着生死攸关的作用的。面对疫情危机，企业需要具备有经营意志力的领导者。迎接危机与挑战，企业最重要的是领导者的信心和经营意志力。

2020 年 2 月 1 日，西贝创始人贾国龙发表公开信说："受到新冠肺炎疫情影响，西贝 400 家线下门店基本停业，只保留 100 多家外卖业务，预计春节前后一个月损失营收近 8 亿元，同时 2 万多名员工一个月工资支出就在 1.5 亿元左右，若疫情无法有效控制，企业账上现金流撑不过 3 个月。"

贾国龙所说的不只是西贝的危机，更是大大小小餐饮品牌所面对的困局。越大规模的连锁品牌，受到的冲击就越大，这个时候考验的是领导者的经营意志力和危机应对能力。

贾国龙首先选择真诚面对危机。发表公开信，让社会大众、政府、媒体、顾客和员工了解西贝所面临的困境。像西贝这样的餐饮企业解决了很多社会就业，因此政府开始关注和重视餐饮行业的现状，推出一系列的支持政策；老顾客纷纷表示支持，到不了门店也要在线上订餐；员工主动提出减薪或停薪，与公司共渡难关。在贾国龙发表公开信一周后，浦发银行 1.2 亿元流动资金贷款入账西贝餐饮集团，随后其他银行也纷纷效仿，给西贝授信金额达数亿元。

接着，贾国龙想尽办法自救。从线下转线上，发力用户端，西贝积极铺开外卖业务，三分之二的门店参与线上销售，这一切使得西贝的外卖营收占到整体营收的约 80%。为了满足 C 端用户的基本生活需求，西贝还上线销售了米面粮油、蔬菜、零食等上百种食材。

此外，西贝还开启了企业团购订餐模式。针对复工后的员工用餐不便问题，西贝及时推出"团餐"服务，创造性应对 B 端业务的机会。西贝还建立互联网信息服务平台，组织了 200 多家门店的管理人员，通过微信群建立起西贝的线上食客平台，尽最大努力转化私域流量；原来在店面里的服务员，主动提出要充当"快递小哥"，于是，全员动起来，这次危机让西贝上上下下空前地团结在一起。

很快，西贝的困境得到缓解，从此公司加快了数字化建设的步伐，各级管理人员也得到了一次全面练兵的机会。贾国龙没有浪费这次危机，他从中悟出：危机中总是隐藏着巨大的生机。领导者应该勇敢、真诚地面对困境，提升处理和解决问题的能力，磨炼经营意志力。

作家吉姆·柯林斯的作品《从优秀到卓越》，有一个关于

"第五级经理人"的研究，其中提到的金佰利公司的传奇 CEO
达尔文·史密斯，就是一位拥有超强经营意志力的企业领袖。

金佰利公司原本是一家传统造纸企业，主营业务是生
产铜版纸。这个行业不景气，公司经营也不好，在史密斯任
CEO 前的 20 年中，公司股票跌到市场平均水平的 36%，到
了破产的边缘。史密斯临危受命，出任 CEO。在这之前，他
一直担任公司的内部律师，戴一副黑框眼镜，寡言少语，毫
不出众。事实上，董事会之所以选他当 CEO，并不是相信他
有能力将公司起死回生，而是认为他在处理破产流程时能更
得心应手。更要命的是，他刚当上 CEO 两个月，就被查出患
了癌症，医生断言他活不过一年。

后来发生的事情，连史密斯自己都没想到。他在 CEO 的
位子上一坐就是 20 年，其间，他不但克服了病魔的威胁，还
创造了一个商界奇迹：金佰利公司从一家半死不活的三流企
业，一举变成世界一流的纸质消费品企业。公司的拳头产品
好奇纸尿裤、舒洁纸巾等成为全球知名品牌产品，公司的全
部 8 个产品系列中，有 6 个销量超越了行业巨头宝洁公司。

与公司的辉煌业绩形成鲜明对比的是，史密斯本人极少
在媒体上露面，在公众中默默无闻。每当有记者提问，史密
斯都相当拘谨，完全不知道该怎样回应。然而，就是这样一
个人，在公司最困难的时候表现出了最坚定的领导意志：他
卖掉公司所有的造纸厂，放弃传统的铜版纸业务，宣布全面
进军纸质消费品行业，和行业巨头宝洁公司展开正面竞争。

当时，华尔街的投资人都认为史密斯疯了，公司的股票惨遭降级。面对外界的质疑，史密斯毫不动摇，他坚信只有盯住世界级的竞争对手，才能实现自我超越。

在史密斯身上有两种美好的品质：极度谦逊的为人和极度坚定的意志。极度谦逊的为人，意味着他不以自我为中心，不会自我膨胀，他所追求的是实现崇高的目标，而不是个人的财富和名气；极度坚定的意志，意味着他有极强的自我驱动力，有为了实现伟大目标而扫除一切障碍的决心和勇气。柯林斯说，第五级经理人都具备这种人格特质，这种人格特质造就了一种独特的归因模式：取得成功时把功劳归于别人或者运气，遇到挫折时从自己身上找原因。

柯林斯所总结的第五级经理人的精神特质，正是具备经营意志力的领导者所拥有的特质。优秀的领导者是保障公司持续增长的主导因素，具有经营意志力的领导者，能够带领企业与环境进行互动，能够在洞察变化中做出选择。

无数的企业实践证明，面对危机，经营意志力是领导者引领企业战胜危机、获得生机所必备的内在要素。

坚持做难并正确的事

王安石在《游褒禅山记》中表示，"世之奇伟、瑰怪，非常之观，常在于险远，而人之所罕至焉，故非有志者不能至也"。

这世间好的风景常常在人迹罕至的地方，需要一番跋山涉水才能到达，相反，当你觉得轻松自在，你可能正走在平淡无奇的下坡路上。

做经营是同样的道理，轻而易举达成的事业，很多人在做，这注定不是什么伟大的事业；相反，那些只有少数人发现并排除万难，坚持去走的路，才有可能是改变世界、改变行业的事业。

日本明治维新的领导人西乡隆盛说："行正道者必遇困厄。无论立何等艰难之地，无论事之成败，身之生死，志不稍移也。行正道者，天下共毁之，不足为耻。天下共誉之，不足为荣。"西乡隆盛的话可以总结为8个字：力行正道，垂直攀登。

那么，何为"正道"？ 松下幸之助的一生都在探索如何让人们的生活更加幸福。他说："那些以人类的幸福为宗旨，把产品做得像自来水价格一样的经营者；那些通过技术创新，推动行业进步的变革者；那些不顾一切在让世界和平和繁荣的奋斗者，都是在做正确的事。"

松下幸之助所有经营的出发点，是3个关键词：幸福、和平、繁荣。所以，因何而出发很重要，创业的初心，决定了创业者能走多远。

在这个不确定的时代，预测未来变得愈加困难，没有人能知道明天会出现怎样的新挑战。我们只有更坚定地秉持事业理念，坚持做难并正确的事。

发自内心的信念与热忱

"经营者唯有依靠自己的力量，用自己的脚走路，方能赢得他人的共鸣，凝聚一切智慧与力量，收获优良成果。"

——松下幸之助

诸事以热忱为本

作为经营者，最不能缺少的就是热忱，仅仅凭借知识或经验做事是不够的。

热忱，源自希腊语，意思是"受了神的启示"。热忱是一种精神特质，是发自内心的兴奋，而不是虚伪的表象。所谓热忱是真诚的情意，是人生一切事业成功的底蕴，也是一切追求物质幸福必备的核心精神。

有一个故事讲述一位牧师失去了传道热忱，一天夜里他做了一个梦，梦里是自己被带到天堂，接受他一生为上帝工作的赏赐。

由上帝和天使团组成的"评审会"开始。一位天使递上一顶华丽灿烂的冠冕，上面镶满了钻石珍珠，正准备给牧师戴上之时，上帝迟疑着说："且慢，拿错了，这是20年前为他预备的，那时候他拼命为信仰作见证，可惜不一会工夫，他就冷淡退却了，所以要换一个次等的冠冕。"

天使又换来一个次等的冠冕，虽然没有前一个那么华丽，牧师还是觉得不错。天使正准备给他戴上之时，上帝又疑惑着说："且慢，还是拿错了，这是10年前为他预备的，不幸的是世上的欲望和引诱迷住了他，使他成了一个不冷不热的人，再去换一个吧。"

于是，天使再换来一个，此时的冠冕上面一粒珠宝都没有，毫无光彩，一文不值。上帝微笑着说："这就对了，他现在毫无热情，就如同这一顶……"

这位牧师惊醒过来，满头大汗，庆幸这只是一场梦。从那时候起，他勤奋传道，立志要讨上帝的喜悦，成了最热心的传道之人。对于牧师来说，传道是他的事业，做事业最可怕的，就是失去热忱。

诸事以热忱为本。有了热忱，你就连睡觉的时候脑子里都不停地想着事情。松下电器创立之初，近百个产品几乎都是松下幸之助琢磨制造出来的。松下幸之助回忆说，那时吃饭、睡觉、走路，都在想着产品的事，即使在睡觉的时候，也要在枕头边放上铅笔和纸，如果想起了什么就赶紧记下来。

松下幸之助说："那时候，我无时无刻不在思考着企业的生存与发展，我脑子里 24 小时都在想着工作。然后，我惊奇地发现在我的脑海里浮现出各种各样新的想法与创意。"

热忱之心源于改变现状的使命感。那些认为现状一切很好的人，是不会生发热忱之心和使命感的。如果精神上没有必须改变现状的紧迫感，就产生不了热忱之心和使命感。

人在进退维谷时最为强大

松下幸之助说："我始终相信，一件事是否正确或这件事的真正价值，如果整个社会都搞不明白的时候，就要根据自己的信念来行事，如果你认为这是必须做的事情就坚持做下去，终有一天会得到他人和社会的认可。"

如果你有"如果不做，明日必定死掉"的心态来驱使自己，在事业上就一定能够有所成就。

海明威的《老人与海》，讲述的是一位老人与一条大鱼搏斗的故事，老人虽然风烛残年，但他的精神和毅力是超凡的。故事情节很简单，古巴的老渔夫圣地亚哥连续 84 天没捕到鱼，被别人看作失败者的他，坚持不懈，终于在第 85 天钓到一条巨大无比的大马林鱼。他的小船在海上拖了这条大马林鱼 3 天，直到它筋疲力尽，才把它杀死了绑在小船的一边，在归程中他却又遭到鲨鱼的袭击，他再次用尽了一切手段来反击，回港时大马林鱼只剩下鱼头鱼尾和一条脊骨。

"人可以被毁灭，但却不能被打败"，在我看来，老人才是胜利者。他在追捕马林鱼，与大鱼搏斗、反击鲨鱼的过程中，毫不妥协，爆发出了远远超出他本能的力量，他的勇气和毅力，着实令人感动。

人只有把自己逼到进退维谷时，才能爆发出最强大的力量。一旦大家陷入绝境，需要团结一致去共同完成一件事的时候，所能达到的那种力量是能撼动天地的。

当美国政府将华为列入管制名单，以华为为代表的中国企业，在步入世界科技舞台上遭遇了前所未有的挑战，这些都倒逼中国各大企业突破技术封锁，加快自主知识产权和科技创新能力的建设。

从华为的"遭遇"得出的启示是：中国不可能买来"现代化"，关键技术、核心装备必须依靠中国企业自主创新，才能打造核心竞争力。

中国的计算机产业起步晚于发达国家，为了节省研发成本和投入，中国的第一批计算机企业大都选择进口国外芯片来做核心芯片，而非自主研发，这就造成了后期中国的芯片技术受限于国外的局面。

美国的禁令让华为"极限生存的假设成为现实"，这预示着华为对此已做过未雨绸缪的准备，经历了漫长10年打造的华为海思半导体，将继续为华为提供芯片支持。

华为海思前身为华为集成电路设计中心，2004年，华为创始人任正非找到现在的海思总裁何庭波，让其研发芯片，以减少对美国芯片的依赖。这准备一做就是10余年，过程中经历了无数外界的质疑和非议，但何庭波仍旧坚持研发，任正非也一直支持着她，为其提供研发资金，到了2013年，华为海思才终于实现盈利，其自主研发的手机麒麟芯片甚至能够赶上行业龙头高通的产品。

华为之所以有底气面对大国的芯片断供，正式走向科技自立之路，很大程度是因为华为海思这10余年来，忍受着孤独和艰辛，始终坚持自主创新和研发。

当然，中国企业芯片自主研发之路还很长很长，目前只是万里长征的第一步，然千里之行，始于足下，我们终归会迎来中国企业自主自立的时代。

当美国以一个国家之力来冲击华为的时候，任正非说的一段话令人非常感慨，他说他觉得美国的这个压力和冲击，反而令他比较高兴。原来他担心华为 19 万员工已经懈怠，正找不到好的解决方法时，美国高度施压华为，这 19 万员工开始同仇敌忾，组织的战斗力全部显现出来了。

凝聚智慧与力量

松下幸之助说："经营者唯有依靠自己的力量，用自己的脚走路，方能赢得他人的共鸣，凝聚一切智慧与力量，收获优良成果。"

这句话的解释是，要想得到别人的支持，自己首先要去尝试并做出成绩，否则不会有人跟随。所以有没有人支持你，最重要的是取决于你是否发自内心地想要做成一件事。

松下幸之助自小体弱多病，从 9 岁开始辍学后，便一个人当上了学徒，学会了自主自立，积攒了谋生本领和工作经验，然后看准未来的方向，果断选择进入电气行业。松下幸之助经常审视自己，总是认为"自己是个凡人"。无论和谁接触，他都会觉得对方远比自己博学贤明。

松下幸之助的伟大之处，在于他并没有为此而感到自卑，没有变得卑躬屈膝。他直面现实，寻求自己作为凡人的生存之道和充实人生的方法，并努力倾听别人的声音，凝聚众人的智慧和力量，他的"非凡之处"就在于此。正是这种哲学思想，最终为松下幸之助这位企业家和凡人赢得了自己也不曾预料的巨大成就。

研修万物，尊视万物

"所见所闻皆学问，将一切的体验都当作研修而发奋，方有真正进步。留心观察，万物皆可为我师。"

——松下幸之助

认知无处不在

松下幸之助曾向青年员工提出这样一个问题："大风吹过，松树会动，松树因何而动？"

有员工回答说："因风而动，风的作用。"

又有员工回答说："不仅限于风，如果有某种力的作用，树就会动。"

再有员工回答说："为了风，树在动。"

转眼间，同一问题出现了三种不同答案，视角不同，认知也不同。

用心观察，而后寻问。这将会出现多个不同答案，不同的人对同一问题也会有多种不同的认知。

我想起另一则关于"风动"的故事。

唐代禅宗六祖慧能得到五祖弘忍传授衣钵，为了悟道修行，慧能一个人来到南海听经。适逢一位印宗禅师在广州法性寺开讲《涅槃经》，听众数百。

《坛经》中云："时有风吹幡动。一僧曰风动，一僧曰幡动。"两个和尚因为广场中的飘动的幡旗争辩起来，一位和尚认为是"幡在动"，另一位和尚则认为是"风在动"，争论不休。

惠能闻曰："非风动，非幡动，仁者心动。"意思是"不是幡动，也不是风动，是你们俩的心在动。"法性寺法师印宗闻得这番妙论，当即与他攀谈，得知此人正是大名在外、五祖传授衣钵的惠能，就请高僧为他剃度，完成出家仪式，并恭请慧能正式即位禅宗六祖。

在禅宗世界里，悟性高低决定了修行的境界，而所谓悟性实际上就是认知水平。六祖慧能大师原本是位樵夫，靠砍柴为生，完全不识字。有一次，慧能听到有人在诵读《金刚经》，他听后有所领悟，并深受吸引，后来听说黄梅凭墓山弘忍大师讲授《金刚经》，于是慧能忍痛拜别慈母，立即启程前往修习。

当弘忍大师知道他是从偏远的新州来的时候，就故意考他："你从蛮荒之地而来，是个南蛮，难道也想成佛？"慧能毫不胆怯地说："人的出生地虽然有南北，但佛性却不分南北。"

弘忍听了，心中暗喜，觉得慧能悟性高，非凡夫俗子。为了考验和磨砺慧能，弘忍故意让他到碓房去干活。碓房就是春米的作坊。慧能的身子轻，就在腰里绑了块石头，来增加身体的重量，这样在春米的时候，就可以很方便地把杠杆压起来春下去。就这样，慧能在碓房老老实实地做了 8 个月的粗活。

　　五祖弘忍到了选拔继承人的时间了，他就告诉所有弟子，每人做个偈子，当作考试了。当时神秀担任上座，上座在寺院里是仅次于住持的位置。神秀才华杰出，大家都很服他，想着这个继承人是非他莫属了。神秀为了向师父证明自己，就半夜提着灯笼跑到五祖禅房旁边，在墙壁上写下一首偈子："身是菩提树，心如明镜台，时时勤拂拭，勿使惹尘埃。"

　　这首偈子被书写在墙上，虽然没有署名，但大家都知道是谁写的，很快，这首偈子就传遍了全寺。在这首偈子中，神秀将人的身心比作菩提树与明镜台。人的身心本来清净。由于执着，生起了相对意识，以至于经常为尘垢即"外在的烦恼"所污染。要想保持心灵的清净，就必须"时时勤拂拭，莫使有尘埃"，也就是通过坚韧不拔的修习，才能渐渐地觉悟。

　　当时慧能正在碓房干活，听了大家纷纷念诵这首偈子，认为它还不够彻底，由于慧能不识字，就找人帮忙把自己的偈子写在壁上。偈子说："菩提本无树，明镜亦非台；本来无一物，何处惹尘埃！"

　　大家见了这首偈子，惊奇不已。这首偈子说，身心都不是真实的，从缘起性空的立场上来看，没有菩提树，没有明镜台，身心如幻影，干扰我们身心的烦恼更是皮之不存，毛将焉附。这首偈子把禅学漫长的修行过程，转化为当下的一念顿悟，说人的本心本性，原本清净无染。只要觉悟到这一点，就可以立地成佛。

见了这首偈子，弘忍大师没有任何迟疑，决定把衣钵传给慧能，慧能最终成为六祖禅师。

慧能成为六祖禅师的故事，其实讲的是修习万物、提升认知、磨砺心性的修行过程。

把基本的事情做好

在松下政经塾，每位学员被要求每天要开展 30 分钟的"大扫除"，这是一项最基本的工作。在完成这项工作的过程中，有的人仅仅流于形式，以应付的心态去做，而有的人则满怀热情，全身心投入地把它做好。

松下幸之助说："这项清扫工作看似简单乏味，却可以看出每位学员的修为和潜质。只要你全身心投入，把最基本的事情做好，即使在做扫除的过程，也能领悟出伟大的经营真谛。"

只要我们认真工作，在工作过程中，我们甚至还会收获新的发现。即使是扫地这样看似不能再简单的事，也是讲究技巧和方法的。在清扫的过程中，你会发现还有很多种更省时省力的清扫方法。而如果只是抱着差不多就行的敷衍态度去做，那你只能是单纯的扫地工。如此寻常的工作，拉开 10 年、20 年的时间，人与人之间就能拉开相当大的差距。这就是"扫除"的哲学或称为"扫除"的智慧。

无论你的业绩有多好，事业发展多么顺利，归根到底，只有认认真真把最基本的事情做好才能取得成功。企业最终是由人来推动向前发展的，因此每一位员工的基本素养对企业都极为重要。

松下幸之助9岁去火盆店做学徒，受到严格的训练。早晨很早就起床，洗完脸就去清扫左邻右舍的过道，但由于扫地的方法不当，经常受到批评。于是他就去向这方面做得好的人请教如何鞠躬、如何与人打招呼等礼仪规范。

"他们教导我，见面要说'你好，天气不错啊'等许多说话、做事的基本礼仪规范，还要求我在最后一定要行鞠躬礼后才能离开。"松下幸之助回忆说。

这些事情看似与业绩无关，但它却是做人的基本素养，从育人的角度来讲是非常重要的。

做企业经营，需要从那些极其简单的事情做起。比如说办公室的布置、清洁问题，员工的基本素养、礼仪和待客之道，这些事情做好了，企业必然会取得进步。成为经营者的时候你就会明白，其实越是简单的事情越难办好。一事成则万事成，把基本的事情做好就对了。

待客之道

待客之本是给人以无微不至的关怀。我们应该站在对方的立场上来考虑一切问题，想方设法让客人满意。

如果发现宴席的坐垫摆放不对，在客人到来之前，应该及时动手改正过来。会议筹备也是一样，资料的摆放、座次的安排等，一切都要站在客人的立场去考虑。如果安排给客户赠送礼物，一定要再三斟酌，必须做到让客人带着心仪的礼物满意而归。

曾任 PHP 研究所社长的江口克彦回忆说，有一次，为了迎接客人，松下幸之助提前一个小时来到他在京都的私邸。他向所有接待人员一一下达指示后，对江口克彦说："我要到院子里走走，跟我来。"江口克彦以为只是陪松下幸之助散散步，就跟在他的身后。

"今天你来带客人参观院子"，松下幸之助突然停下脚步说。江口克彦对这所庭院几乎一无所知，紧张地挪动着脚步。

接着，每到一处，松下幸之助便停下来，逐一向他仔细地指示："这个地方要这样向客人说明""要说明这块石头是怎么来的""要告诉客人这个池塘的水是引自琵琶湖的水"……

松下幸之助绕着院子长转了一圈，接着走进 10 张榻榻米大小的日式房间。房间里已经整齐地摆好了 10 位客人的坐垫。坐垫分明摆放得整整齐齐，但松下幸之助却说不行。他冲着江口克彦说道："坐垫没摆端正。"

江口克彦诧异地又看了一下，还是觉得挺整齐的。他看着松下幸之助，实在搞不懂哪里放歪了，哪里没有摆正。

松下幸之助像教小学生在教室摆放书桌那样，耐心地教江口克彦。以最前面的坐垫作为参照，看第几个坐垫出来了，第几个坐垫歪了，盯着视线摆正。江口克彦暗想：一块坐垫而已，何必这么做？但还是按照先生说的重新排列了一番。

刚松了口气，松下幸之助又指示道："这块坐垫的正反面放反了，前后也是颠倒的。你对所有的坐垫都再确认一下吧。"

江口克彦这时有些震惊，那时的他，没有半点关于坐垫正反与前后的知识，分不清哪面是正面，哪面是反面，也不懂哪头是前，哪头是后。见到江口克彦有些胆怯，松下幸之助从脚边拿起一块坐垫教导道："你看，没有接缝的这头是前面。你再看后面的接缝，有缝线的那一面是正面。"当时的江口克彦被吓住了，满脑子是惊讶与敬佩。

松下幸之助随后又指示，摆在坐垫前的 8 个烟灰缸也要摆正。江口克彦数着榻榻米的张数，把烟灰缸平均分配摆好。

身为经营者，松下幸之助为什么能取得成功？有什么秘诀？从待客之道，就可以看出"日常积累的力量"，再伟大的事业，都要从日常做起，从细节做起，这样的待客之道，哪会不让客人感动？

待客之道的思想并非只是针对生意上的客户，其实包括人与人之间的一切关系。这一切的底层思想，是对人的尊重，是对天地自然的尊重。

理解人情机微

"机微"在日语中指微妙之处，人情机微指的是人情世故的微妙。理解人情机微非常重要，但也是最难做到的事情。真正能理解并运用好人情机微的人太少了。

　　人情机微并不能靠学习来掌握，即使想学也无从学起，它只能靠自己的领悟才能掌握。由于人的秉性不同，对它的领悟也会因人而异。

　　但在原则上，对不同的人予以不同的关怀与体谅是十分重要的。见到政府官员的时候该如何言行，与基层员工、司机又该如何打交道，随时随地都能对不同的人施与适当的关怀与体谅，这些不就体现了人情机微吗？

　　越是善于观察，越是懂得人情机微。说到底，我们只有接触许多人，并且经历许多事情之后，才能够悟出人情机微的奥妙。

　　所谓"服务"，用佛教用语来解释，就是指慈悲之心。没有慈悲之心是不行的，服务就出自慈悲之心。缺少了慈悲之心的服务就是无用的摆设，是不能够真正打动人的。

　　松下幸之助晚年接受采访，谈到自己的待人之道，他意味深长地谈了一个故事：

　　在一个小镇上有一家很棒的包子铺。有一天，一个乞丐来了，要买一个豆沙包。一个乞丐上包子铺买一个豆沙包，还真是罕见。

　　店里的小伙计犯愁了，豆沙包都是一袋一袋卖的，怎么分开来卖一个给乞丐呢？小伙计犹豫不决。

　　这时，老板看到了，上前微笑着说："稍等，我来招待吧！"说着，老板亲自递了一个豆沙包给那个乞丐。

　　乞丐走了以后，小伙计一脸疑惑地请教老板："迄今为止，不论遇到什么样的客户，您从来都没有亲自招待过。这些事一直都由我或掌柜来做的，为什么今天您要亲自招待那个乞丐呢？"

老板这样回答："你也许觉得今天的事不可思议，但要牢记啊，这就是待客之道。一直以来，我们都受到顾客的关照与爱护，这是一种顾客对我们的恩惠，一定要珍惜。平时经常来我们店的都是有钱的体面的客人，那很正常。而今天那个乞丐想要尝尝我们的豆沙包，他拿出的那一点点钱可能是他的全部家当，这是一种信任，更是一种恩惠，对这样的客人，理所应当由我亲自去招待，才能表达我的感恩之情。"

这就是待人之道，也是经商之道。无论你对人情机微有怎样的理解与运用，要让它成为活的东西，内心深处没有慈悲之心是不行的，我认为这才是人生的根基。了解人情机微是人生中最重要的事情，对于想要成就一番事业的人来讲，其真谛就在于此。

尊视万物

在广漠的人世间，有人在做事的过程中感到人生非常有价值。也有另一种情况，旁人看来觉得非常有意义的工作，本人却不这样想。

然而，无论从事怎样的工作，都有其价值，世上不存在没有必要的工作，工作都是因为需要才产生的。即使自己认为简单、无聊的工作，它也能对社会发挥积极的作用。这样考虑的话，如果你能够非常积极地做好本职工作，就能给许多人带来便利与喜悦，并使自己的生活也得以充实。

关于研修万物，松下幸之助总结说："学会尊视万物，凡事不要只盯着缺点，必须看到长处和优点。经营者要学会敬天爱人，不管面对怎样的人，都要努力做到心不生厌。尊重每一个生命个体的差异，学会欣赏别人，这样的你才能凝聚各方力量，达成人生目标。"

先知先觉，敢为天下先

"经营者，不因循守旧，不断开拓创新的态势里，要有成为行业引领者的理想和追求。唯有时代的先驱者，方能打开新的历史之门。"

——松下幸之助

快人一步，保持竞争力

今天的商业世界，市场竞争十分残酷，我们经常可以看到一些很辉煌的企业一夜之间崩塌。

松下幸之助认为在如此残酷的竞争环境中生存，最重要的要诀是"快"，比别人慢一步，就可能被淘汰出局。因此，企业前进要比别人快，撤退也要比别人快，新产品的推出要快，旧产品的更迭也要快，对竞争对手的了解要快，作出的反应也要快，要抢占市场先机，方能保持企业持续发展的竞争力。

松下电器有过惨败的教训。松下电器曾投入巨资改良出非常省电的真空管式收音机，刚推出市场就大受欢迎，当时公司上下都非常乐观，但好景不长，一年半时间不到，有竞争对手研发出的晶体管收音机面市了，这款产品比松下电器的更省电，价格更低，外观也更精巧。

结局是松下电器的真空管收音机惨败，松下电器对于产品改良的巨额投入和生产设备全部泡汤，公司蒙受了巨大的损失。松下幸之助总结说，"当同行业推出什么新产品时，我们就要在同一时间推出更新的产品，否则就会成为失败者"。

《孙子兵法》有云："知彼知己者，百战不殆。"松下幸之助喜欢引用《兵法》中的智慧，他说："无论什么时候，企业都在激烈竞争的旋涡中，为了不在竞争中落后，必须将对方经营动向摸得一清二楚，如果等对方采取行动才研究对策，在这个变化多端、竞争激烈的时代，是注定要落伍的。"道理虽然几乎所有的经营者都知道，但真正实施起来却是有困难的，多少企业经营者止步于自我满足的现状。

快人一步是保持自身竞争力的一大要点，但如何提升竞争力，还是要靠更为先进的技术。松下幸之助非常重视在技术上的研发投入，很早就成立了松下电器技术研发部，明确宗旨：为松下电器持续研发新产品和新机器设备，通过持续不断技术提升，改良公司产品，确保新产品的推出能快人一步。

向先进学习，与先进合作

"二战"结束后，松下电器"重新开业"。松下幸之助更清醒地认识到，要以谦虚的态度多向欧美国家学习新知识、新技术。于是，他走出日本，到技术更发达的欧美国家参观考察。

松下幸之助主要考察的是美国，后来再从美国转向欧洲，这些国家的大企业技术之精良、设备之先进，让松下幸之助感到无地自容，他突然感觉自己以前是个拙劣的模仿者，落后到自己都不知道。

给他印象最深刻的是美国一家工厂的设备更新速度。第一次考察的时候，这家工厂的干电池生产设备是当时全世界最先进的，然而过了不到半年，当松下幸之助再次考察这家工厂时，那台设备已经成为这家工厂最老式的机器了。

之后，松下幸之助考察了荷兰的飞利浦公司，这次考察也最终决定了松下电器与飞利浦的合作。飞利浦最吸引松下幸之助的地方，是它拥有庞大而实力雄厚的科研队伍。飞利浦设有研究院，共有人员3000人，而且大多数是优秀的高级人才，其中还有获过诺贝尔奖的，研究院已有多年的历史，每年经费达上亿美元。

这次考察的结果让松下幸之助很不安，他回到日本后，暗暗下定决心：要想保持行业巨头的地位，要生产出一流的产品，就必须要有最先进的技术，所以，松下电器要么引进技术，要么合作。

后来，松下电器与飞利浦实现合作，当然，合作过程也有小插曲。飞利浦的技术援助费是销售额的7%，远高于美国公司的3%，而且条件还很苛刻，这让松下幸之助很难接受。

但综合比对后，松下幸之助认为与飞利浦的合作更合适，也更匹配。这时，松下幸之助展现出超高的谈判智慧，他对飞利浦公司说："如果与我签约，你们将获得巨大的成功，这将是此前与你们签约的任何一家公司所无法比拟的。松下电器的经营指导是有价值的，有鉴于此，我提议松下电器提3%的经营指导费，飞利浦收4.5%的技术援助费，怎么样？"

提案一出，飞利浦的人大吃一惊，他们从来没有听说过什么经营指导费。然而，在松下幸之助的细致解说及智慧的说服下，飞利浦最终接受了方案。双方共同成立松下电子工业公司，并取得了经营合作上的巨大成功。

在松下电器的发展历程中，引进技术及合作经营大大提升了松下电器的技术水平和核心竞争力，但松下幸之助始终认为自主研发十分重要。他对部下说："如果没有自主研发，只想依赖别人的技术，我们就永远不可能做行业先驱。"

正是因为松下幸之助如此重视技术的引进和自身的实际研究创新，增强自身竞争力，松下电器才能一直保持良好的发展势头，这为日后松下电器成为国际性的电器巨头奠定了扎实的基础。

开创一片新天地

纵观松下幸之助的一生，无论经营从商，还是创办 PHP 研究所、松下政经塾以及兴办各类学校，他都致力于做先驱者，要么成为行业的引领者，要么成为一种社会价值的倡导者。松下幸之助一生都在"以自我之力，开创一片新天地"。

在松下政经塾，学生被要求研习一项重要的修炼，那就是要做开拓先驱。兴办松下政经塾，本身就是一项做开拓先驱的实践。

"既然决定要做，目标就要指向全国第一甚至是世界第一。了解世界的常识是必要的，然而，如果被常识所禁锢则难成大事。"

松下幸之助以非同寻常的理念和方式来培养学生。每位学生要在松下政经塾学习 3 ～ 5 年时间，松下政经塾鼓励学生要成长为独当一面的人才，同时还要具有坚强的意志以及独立自主的精神。

"从松下政经塾走出来的人，无论做什么都能够做到独当一面，哪怕是卖烤红薯，也要做到全国第一，必须要有这种燃烧的激情。"

这种开创精神是松下幸之助一生的写照，也是松下政经塾的精神信仰之一。

松下幸之助曾经说过，经营者应该做到先知先觉，立志成为行业最先的倡导者，这一志向将会开辟新的道路。

2018 年，松下电器创立 100 周年，松下电器中国公司在官网上写着："百年历程，松下守诺前行；时代更迭，我们不忘初心；下一个百年，我们继续开拓创新，以'更新生活'为发展愿景，谱写新华章。"

在世界商业史上，能活过百年的企业并不多，那些活过百年且保持创新，引领行业发展的企业更是凤毛麟角。百年前，松下幸之助创办松下电器的时候，将创新基因融入企业文化当中，使其年过百岁，今天看来它依然焕发出青春的活力。

不受情绪羁绊，常怀感恩之心

"人才济济确是企业之幸，但不和则不能取得成果。唯有常怀感恩之心，相互协作与信赖，方能实现真正的发展。"

——松下幸之助

驾驭自我

丹麦作家吉勒鲁普说："我敢做……我是自己的主人。"

人的心可以做到伸缩自如，它既可以使你对曾经愤恨的事情生出感恩之心，也可以令你对现阶段美好的状态生出抱怨等各种负面情绪。因此，如何管控自己的心态是非常重要的，身为领导者如果不能驾驭自己，就更别谈领导他人。

有人曾问松下幸之助："从您小学辍学，离开和歌山县那时起的故事，我们一直都在聆听，但是，在漫长的人生当中，您觉得最快乐的事情是什么？"

松下幸之助答："我在当学徒时第一次拿到工资的时候。"

又有人问松下幸之助："您有觉得特别悲伤的事情吗？"

松下幸之助答："那倒没有，不大觉得。不过，我也是普通人，所以别人普遍感到悲伤的事情，我也会感到悲伤的。但即便很悲伤，我也不会使自己深陷其中。如果受其羁绊，在悲伤或遗憾的情绪中无法自拔，那就是浪费生命。"

松下先生想告诉我们的是，悲伤或遗憾的事情谁都会遇见，但不应执着于此。我们如果受其羁绊，则是对生命的浪费。

审视自己

相比于请别人来观察，不如自己来观察自己。自己的缺点与不足由自己来发现，学会审视自己是非常重要的。

有一个方法可以试着审视自己。就是假想你本人从身体内走到外面来，而从身体内走出来的你，观察现实存在的你。通过这样换位观察，你可以更清晰地认识自己。这时你会感叹："我知道我自己的缺点了，原来我是这样的人。""我要赶紧回去把自己这个坏毛病改掉。"

这和从外面看自己建造的房子，改造那些不完善的地方是一样的道理。房子建好了，要走到外面去看看，如果发现这个屋檐太低了，就会把屋檐再往上提一提。即使是自己建的房子，如果不走到外面去看也看不出问题。

实际上，人是不能从身体内走到身体外面来的，所以，很难做到仔细观察自己。每个人都能对自己有一定程度的了

解，但也只是很有限的程度。审视自己的另一方法是不断地
自问自答。

松下幸之助认识到审视自己的重要性，是从创建 PHP 研
究所开始的。在"二战"刚结束粮食非常紧缺的时期，有天
晚上，松下幸之助去一个寺院开展 PHP 研究所的推广宣传
工作。

松下幸之助召集了四五名和尚，还请了寺院附近的五六
个信徒，宣讲工作直到晚上将近 10 点才结束。由于大家一天
都没怎么吃东西，所以感到饥饿难耐。此时，恰巧有给佛祖
上供的年糕，于是寺院的人就说："松下先生，难得您从 7 点
到 10 点已经给我们讲了 3 个小时，可是我们也没有什么东西
送您。这里有年糕，我们烤来给您吃吧。"

烤好后大家就分着吃掉了，那天晚上的年糕实在是太好
吃了。肚子正饿着，再加上那时经常吃不饱，所以松下幸之
助觉得当时年糕的味道实在太美味了，怎么也忘不了。

就在那个时候，松下幸之助开始意识到审视自己的必要
性。当时他很辛苦地把 PHP 的理念和主张宣讲完，当场虽然
没有人反对，但也完全没有人响应。

"为什么会没有人响应呢？"

松下幸之助一遍遍地问自己，多次反思，结果发现，当
时宣讲的内容没有真正能打动他人的地方，所以没人响应是
理所当然的。

"当大家都还吃不饱饭的时候，讲那些高尚的道理是没有

用的。"

　　松下幸之助通过自问自答，找到了自身的问题，因此开始改变自己的思维方式。他决定那个时候还是不要考虑发动别人了，还是自己先研究学习为好。

　　"我觉得以当时的环境，让别人接受自己的观点，并与自己一起行动实在是有些强人所难，还是加强自身的学习与提升更为重要。"

　　"告诉你幸之助，这样做事是不行的。就你说的这种事没有一个人会支持你的。不过要是能够从中学到些东西也是不错的，如果能够结识到其他人做你的学习伙伴，就该十分满足了。你要这样想才行。"

　　这就是松下幸之助的自我审视方法。从那之后，他持续数十年不断审视自己，提升自己，后来，追随者无数。

团结协作

　　中国古话"以和为贵"，没有"和"就产生不了强大的力量。在企业经营当中，"和"是团队协作，是共生关系。

　　如何协作？首先要彼此真心诚意相互服务，要有服务之心。因为这一心境是连接彼此之间的纽带，心在一起了，产生的力量往往超出你的想象。

　　接着，彼此间相互学习，相互帮助，共同成长。身为领导者，在对待部下、后辈和学生们时，我们要做的不仅仅是教育，还不要忘记，作为普通的个人与他们交往、交流和相互学习。

松下幸之助从不认为松下电器的成功是他自身的能力与努力造就的。他有句口头禅："今天，公司能取得成功，并得到社会的高度评价，是因为我的身边聚集了许多好人。"

"人们常对我说，松下先生，您取得了成功，真了不起。我也经常被问起成功的原因，但我也不知道自己为什么会成功。我遇到了好的部下和支持我的客户，上天也对我厚爱有加。今天我之所以能获得成功，全仰仗我的部下、客户和社会。这就是我成功的原因，这一切都值得感谢。"

松下幸之助所缔造的企业文化是一种感恩的文化，是一种团结协作的文化。1978 年，松下电器创业 60 周年，1 万多名松下电器的干部员工出席纪念大会。仪式在庄严肃穆的氛围中进行。最后，由松下幸之助发表讲话，那次讲话的时间并不长，但所有列席的干部们都感动到热泪盈眶。松下幸之助是这样结束发言的：

"60 岁称为花甲之年，人到了这个年龄，就回到原点，从头开始。在 60 年前由 3 个人开创的公司发展到今天，公司也将回归起点，10 万人开始重新启程。下一个 60 年到来时，我已与世长辞，你们可能也不在人世了，但公司一定会发展得更为壮大，超出我们的想象。从这个角度而言，我想向在这 60 年间无限付出的各位同仁表达由衷的谢意。"

会场瞬时变得有些异样，到会者全体起立，有的人兴奋得满面通红，有的人任由眼泪流淌，掌声久久不能平息。

　　有人称松下幸之助为"最会经营人心的创业者"，我并不这么认为。松下先生所有的感恩行为，是他发自内心的真实想法，他一生认为自己是凡人，所取得的所有成就，都得益于员工、客户和社会的支持。因而，在松下幸之助一生的经营当中，最大的理想是探索如何让人们的生活更加幸福，让社会繁荣。正所谓"心存感谢、知恩图报"的经营理想。

后　记

一鲸落，万物生

　　生于天地，死于天地，赠予自然，一鲸落而万物生，虽死犹生！

　　人们总是惧怕死亡，甚至人们总是尽量回避与死亡有关的话题。死亡有时候就像是黑暗将世界吞噬一样，带给我们身心无法描述的恐惧。

　　然而，万事万物最终都逃不过一个命运：死亡或消亡。与其害怕和恐惧，不如以优雅的方式，等待死亡的到来。

　　鲸鱼是大海中神秘的存在，它们体型巨大，身姿优美，它们时而自由穿梭，时而从海中一跃，宛若游于天际，触摸云端。即便是如此诗意般的存在，鲸鱼依然需要面对死亡的问题。

　　当一条鲸鱼预感到死亡临近的时候，它会悄悄地寻找一片深海，然后孤独地等待最后时刻的到来。

　　当鲸鱼死亡后，它的身体会慢慢地沉入海底，生物学家为这一过程赋予了一个十分浪漫的名词：鲸落。

有人将鲸落的过程以诗意般描写："生于海，归于海，长于海，隐于海。一鲸落万物生，愿化为孤岛的鲸，享受孤独，用尽全力落上尾鳍，想给大海最后一个拥抱。纵然腐烂成泥也要成就一场惊喜，裸露骨架撑起一座城堡。一念山河成，一念百草生。"

一条鲸鱼的死亡，可以供养其他生物长达半年之久，而之后在深海底下会慢慢形成一个新的生态系统，可以滋养其他生物达数十年之久。每一条鲸鱼落下的地方，都是生机勃勃的景象，这是它留给大海最后的温柔，也被称为"一鲸落，万物生"。

生物链中的人类，作为万物的主宰，我们有思考的能力，我们足够聪明睿智，可跟这些鲸鱼比起来，我们似乎又差了什么。生于天地，死于天地，赠予自然，鲸鱼的死太凄美，太悲壮，一鲸落而万物生，鲸鱼虽死犹生，这是它们的价值，那么我们的人生价值又是什么呢？

天地万物逃不过四季轮回，我们来到这匆匆世间不过百年，百年的时间里，我们又该如何度过呢？离开的时候，我们又给这世间留下了什么？这是鲸落带给我们的思考。

1989 年 4 月 27 日，影响世界的"经营之神"松下先生逝世。在他近百岁的人生中，留给了这个世间宝贵的物质财富和精神财富。

以消除贫困、实现人类幸福和世界繁荣为目标的经营使命，松下电器生产的产品走进千家万户，为无数人创造了"美好生活"；松下先生创办的 PHP 研究所，秉持着"通过物质和精神两方面的繁荣，实现和平与幸福"的理念，分别在研究、出版普及、教育实践三方面开展活动。时至今日，PHP 研究所依然在实践着松下幸之助的理念。松下先生根据自己的观察和思考，总结出一整套对于宇宙、自然、人类的哲学思考，成为我们宝贵的思想财富。

我将松下先生的离开，比喻为另一种形式的"鲸落"。

松下先生的离世，正是"一鲸落，万物生"的经典演绎。虽然他离开我们已有 40 余年了，但他却依旧为人们尊崇和传颂，很多人都从他的超凡功绩中学到了经营和人生的智慧。虽然松下先生的肉体已经消亡了，但仍有很多人记着他，继承他的遗训。这些正是松下先生依然活着的明证。

而松下先生所创办的松下电器，至今已走过了百年的历程，在历经风风雨雨后，实现蜕变重生，至今依然在为实现人类的幸福而努力；松下先生所留下的哲学思想，会继续影响我们数十年，甚至数百年。这正是松下先生留给世间最后的温柔，最美好的拥抱！

攀登第二座山

"道德生活"和"生命意义"，是两个最古老也最根本的哲学命题，是所有哲学家在对人生和世界进行阐释的时候，需要首先回应的问题。它关乎我们要过一种怎样的人生，要奉行一套怎样的道德律令。当然，不光是哲学家要去思考这两个问题，我们每个普通人也都会在不同的人生阶段，不自觉地去追问生命意义的问题，说得通俗一点，就是人为什么而活着？

作家戴维·布鲁克斯把人生比作登山，并提出他的"双峰模式"和"第二座山"的概念模型，用来解释不同的人生层次。布鲁克斯提出，"第一座山"是为了获取个人成就，为了外在的名利和物质方面的满足；而"第二座山"则是关于奉献的，它强调摆脱自我、舍弃自我，因受到某种召唤，去帮助需要帮助的人。不过，攀登第二座山的人并不反感世俗的快乐，他们也可以喜欢美食或美景，但他们在追求道德快乐的过程中，已经超越了世俗之乐，"他们的生活在向着某种终极的善靠拢"。

布鲁克斯也强调快乐，他还为快乐分了好几个层次，包括身体上的快乐、情感快乐、精神快乐等，但他认为最高层次的"真正的快乐"是道德快乐，其他快乐都是短暂的体验，只有道德快乐是永恒的。

布鲁克斯的"登山理论"也就由此诞生了。因为快乐的层次不同，所以人生追求的层次也有所不同。他提出人生存在一种"双峰模式"：刚走出校园，人们会开始各自的职业生涯或组建家庭，确立他们要攀登的第一座山，比如，要成为一名警察、一名律师、一名医生等。在第一座山上的使命是建立身份、离开父母、培养自己，取得社会文化所认可的成功，比如拥有体面的工作、漂亮的房子、舒适的生活，然后拓展自己的社交圈，努力在世界上留下印记。

　　有些人在登上第一座山以后，尝到了成功的滋味，但发现这并不令人满意。他们会心存疑惑，就只是这些吗？他们会觉得，前面还有漫长的路要走，而不是陷入功成名就后的虚空状态。还有的人连第一座山都没有爬上，而是在半山腰就摔了下来，跌入了人生的谷底，然后在痛苦、失望和孤独中挣扎，或者萎靡不振，或者怨天尤人，没完没了地发脾气。

　　布鲁克斯认为，无论攀登第一座山的过程是否顺利，人们都可能会在某些时刻感到对人生的不满足，这时候也就有了第二座山。

　　比如，一些成功的企业家或者明星，他们已经有了几辈子都花不完的钱，身价的增长对他们来说只是一个数字游戏，不再能激发他们的兴趣。这样的人，他们可能会选择投身公益慈善或者文化教育事业，去创造更多的社会价值。

　　那么，是不是只有顺利登上第一座山的人，才有资格攀登第二座山呢？

　　其实不是，有的人从来都没有登顶过第一座山，他们从半山腰摔到了山谷，但山谷反而成为造就他们的地方。他们在痛苦中看到了更深层次的自我，察觉到内心深处的爱的本能，渴望去超越自我、关心他人，从而让自己成为一个更好的人。他们受到某种感召，想要投身于道德事业，过一种道德生活，因为他们看见了比个人幸福更大的福祉。

　　比如，你可能听说过，某个人得了一场大病，或者发生了一场差点丧命的车祸，他在病床上重新思考人生，认为自己如果就这么走了的话，实在太不值得了。他在痊愈之后，去做志愿者、做支教老师、做社区义工，或者为他人提供免费的法律援助、医疗服务等，他选择投身一项比自身更大的事业。

　　松下幸之助既登顶了人生第一座山，也成功登上了第二座山。而且，松下先生在相当长的人生历程中，同时间在攀登两座山，即在追求个人事业与成就的同时，也在积极为建设美好社会而尽心竭力。

　　松下幸之助从9岁开始从事学徒工作，为个人生存而奔波，经过长期的不懈努力，在事业上取得了巨大的成功，积累了惊人的财富，他创办的松下电器，至今依然是全球最大的电器设备提供商之一。可以说，松下先生在他的人生路上成功登顶第一座山。

　　在松下幸之助刚创业不久，他就开始发起新的挑战，尝试攀登人生的第二座山。松下先生以思考人类的本性为起点，提出了新人生观，他对这项研究投入了巨大的精力与心血，这也成为他一生最大的夙愿。松下先生苦心描述心目中最理想的人类社会形态，希望把它呈现给身边的所有人，可谓用心良苦。

　　人也是动物，离开物质便无法生存。同时，人类也生活在精神的世界里，希望超越天地的界限，渴望获得永恒。

　　松下幸之助认为，尽管我们无法摆脱物质世界的束缚，但物质永远不会成为人类追求的唯一目标，人并不是为了追求物质而活着，人生的终极目标是为自己的精神世界找到归宿。

　　终其一生，松下先生都在攀登人生的第二座山，他在为"如何才能实现人类永久的繁荣、和平与幸福"的目标努力攀登，他在探索和攀登的路上，内心一直是坚定的，更是温暖的，用他自己的话说叫"越勇敢，越青春"。

　　现代社会越来越重视尊重人的本性，以及人与人之间的理性合作，而半个多世纪前，松下先生就提出具有人类社会普遍价值的宇宙观、人生观和世界观。在当时的社会、科技发展以及思想背景下能够提出这般理念，应该说是非常具有前瞻性的，这些论述的提出，尽管已过去数十年，今天读来，我们依然可以从这些思想中获得无限启发。

　　本书取名《攀登者》，虽然也讲述攀登经营事业的第一座山，但更重要的是讲述攀登更具普遍社会意义的第二座山。攀登第二座山，是为了获得一种更真实永恒的快乐，也是为了建设一个互信、互惠、互相依存的美好社会，这样的社会让人依恋，又充满活力。攀登第二座山，不应该只是漂亮的说辞，而应该成为我们终身践行的价值准则。

　　最后，向所有攀登者致敬！

推 荐 语

深圳市鑫信腾科技股份有限公司董事长　郑国荣

做一名勇敢的攀登者

　　唐代诗圣杜甫的诗"会当凌绝顶，一览众山小"是一位攀登者成功之后的感慨，是俯视一切的雄心和气概，也是攀登者卓然独立、兼济天下的豪情壮志。

　　一名创业者同时也是一名垂直攀登者，创业的过程也是艰辛漫长的攀登过程。在创业的道路上，面对的是一座又一座不同的目标高峰，需要有"立志高远、处事平淡、心胸宽阔"的心态，清代著名的军事家、政治家左宗棠的名言"择高处立，寻平处住，向宽处行"充分体现了这一点。

　　感谢作者把我和鑫信腾作为本书案例之一，作为深圳市鑫信腾科技股份有限公司的董事长，我始终坚信应"坚持不懈地努力，永不疲倦地前进，抗拒半路的疑惑，坚信登顶的信念"才能登顶心中的高峰，为此我们不断让自己在行动上、思想上提升，同时紧跟时代的步伐，以追求我们"成为全球一流 6C 电子产业自动化测试厂商"的目标。

做一名行动上的攀登者

创业过程中会有各式各样的诱惑以及成百上千的困难，作为创业团队需坚守自己的道路，并不断在产品技术和管理服务上创新，以求博得快人半步的先机。

一路走来，我们始终坚持"守道创新，脚踏实地，快人半步，永续经营"的初心，做好每件事情，以求在"为万物互联智能世界的产品质量保驾护航"的道路上不断攀登。

一个人需要"博采众长"，一家企业需要"众智经营法"。我们充分发挥"众人的力量"，坚持每位成员在行动上都"躬身入局，两腿带泥"，使每个人都走得更远，攀得更高。

做一名思想上的攀登者

创业不仅是一个人的攀登，而是一群人、一个团队的攀登。为了让大家都能成功登顶，贯穿整个创业过程中的思想攀登尤为重要。

创业的过程也是持续坚持企业文化落地的攀登过程。最开始可能大家的想法不聚焦、价值观不一致，那么我们就在统一思想上下功夫同心同力，确保大家的理念和价值观一致；当团队拥有相同的理念和价值观时，我们可能面临着方向和目标分解的问题，不知道如何改善改变，那么我们就确定方向和分解目标；当我们明确方向和目标后，我们可能又会在计划和执行中有偏离，那我们就做好管理管控，以确保大家都是按照目标、分工和计划节点在前行；但是在前行的道路上团队中每位成员的认知、能力和方法往往参差不齐，那我们就做好引导教导，以确保每位成员都是以相同的理念、坚定的信念、明确的目标、正确的方法，脚踏实地地走在攀登目标的道路上。

做一名跟上时代步伐的攀登者

作为一名新时代的创业者，一名创业的攀登者，这个时代给了我们巨大的机遇，也赋予我们莫大的使命，我们应努力做一家对社会有贡献，对行业有价值，对时代有帮助的企业。

鑫信腾在成立之初就制定了"探索 6C 质造科技"的企业目标，并一直致力于企业价值的践行，目前我们的产品已经为全球累计超过数十亿部不同电子产品的质量做了保障，在攀登"为万物互联智能世界产品质量保驾护航"的愿景高峰的道路上，励志前行，不断攀登。

创业是艰难的，也是勇敢者的游戏和攀登者永远追逐的目标。

书享界创始人、华为原中国区规划咨询总监　邓斌

松下老先生的名字，对中国绝大部分关注经营管理知识的读者而言，并不陌生；我们知道他创立了"终身雇佣制""年功序列"等人力资源管理制度，被世人尊称为"经营之神"。但当我们被追问：他的"神"体现在哪里？我们又一时语塞，

老先生似乎成了中国读者"最熟悉的陌生人"。

本书帮我们抹平了这种陌生感，它的写作风格很"日本"——章节短小精悍，故事平易近人，人物跃然纸上，内涵意味深长，让我们近距离触摸到一衣带水之隔的邻国著名企业家的人生经营哲学。全书既刻画了攀登者的精神，激励我们每个人都要攀登自己人生的高峰，又通过大量鲜活案例故事展示了攀登者的智慧，真正体现出"用有限的资源创造尽可能大的附加值"的经营本质。诚挚向中国企业经营管理者推荐这本书。

深圳市瑞捷工程咨询股份有限公司总经理　黄新华

本书浓缩了作者对松下幸之助经营哲学和人生智慧的研究成果，对松下电器创始人松下幸之助的经营哲学做了非常详细的拆解，通过清晰的文字框架和生动鲜活的案例，深入浅出地剖析了松下先生的经营哲学、人生哲学和用人哲学。无论是身经百战的企业家，还是初出茅庐的创业者，都可以从书中寻找到答案。

在本书中我们看到了松下先生对于经营管理的思考，对于变革创新的重视，对于"素直之心"的推崇，以及对于人性和自然的尊重。书中包含了许多松下先生在多年前提出的经营策略和理念，仍与现在不谋而合。

本书还探讨了在当前的新环境、新挑战、新趋势下，企业家应当如何践行松下先生的经营哲学，这有效呼应了当前背景下读者们的诉求。书中不仅将众多松下先生的行动、理念和思考串联起来，构建出一个松下幸之助经营哲学体系，还集合了不少经营大师的案例，将稻盛和夫、张瑞敏、任正非、李东生等优秀管理者的经营故事和经验倾囊相授。作者将经营的原理策略和人生的哲学智慧融入优秀企业家们的案例中，通过发人深省的故事和平实生动的语言向读者娓娓道来，将思想性和实用性有机结合。

书中内容有主张、有哲理、有方法、有情感。随着本书作者一起深入了解松下先生的经营哲学和素直之心，将帮助我们站在一位卓越的思想家、企业家的源头视角，挖掘事业和人生经营的智慧，这是一本值得细细品读的作品。

华南新海（深圳）科技股份有限公司董事长　洪健荣

作为集东西方哲学之大成的经营之神，松下幸之助的经营理念和管理思想影响了诸多管理者和企业家。本书结合中国改革开放时代大潮中的典范企业，以及诸子百家管理思想，从不同侧面系统、全面地剖析了松下先生的经营哲学，从经营管理到人性探讨，从企业到个体，完整地总结了松下先生的管理精髓、人生智慧、人文情怀。在理性有余、缺乏温度的管理类书籍中难能可贵！

在时代的洪流中，人和企业都不是孤立地存在。至诚胜于至巧，以"素直之心"致良知！共生共益才能共赢！多走"窄门"方能基业长青！

"经营者，不因循守旧，不断开拓创新的态势里，要有成为行业引领者的理想和追求。唯有时代的先驱者，方能打开新的历史之门。"

"可上九天揽月，可下五洋捉鳖，谈笑凯歌还。世上无难事，只要肯登攀。"在中华民族伟大复兴的历史进程里，愿你我勇攀高峰，直挂云帆济沧海！

路华集团董事长　陈步霄

本书以日本经营之神松下幸之助 60 余年经商哲学为核心理论，带出了松下老先生的经营之道！通过作者的研究和写作，把松下老先生脍炙人口的经营精粹"自来水经营哲学""水坝式经营"等表达得淋漓尽致。

在中国商界，松下先生相信无人不知，那是因为松下电器在中国或者说在全球的地位。老实说，松下先生是大众偶像，个人作为经商者，哪有不知道松下先生之理。只是，关于松下老先生如何成为经营之神，这就比较陌生了！也难怪，经商者也许会听说，但针对性的学习却是比较少见！如果你也跟我一样，细读本书你就可以弥补你的不知之处了！

在这里，你可以看到松下先生如何由 3 个人与 100 日元开始创业，历经 60 余年，建成了一个伟大的传奇！

在这里，你也可以从松下电器的成功经营学中感悟出：原来六七十年前的经营之道放于今天并不过时！

在这里，你更可以看到松下老先生退而不休的坚持，你还可以看到 20 世纪经历无限灾难依然屹立不倒的企业家精神！

作者还列举了很多受到松下先生经营哲学影响而成功成为一代优秀企业家的案例，相信只有细读本书，你才能完全理解作者的初心！

真诚向您推荐本书，如果你是经营者，你一定会喜欢！

深圳市创想三维科技股份有限公司董事长　陈春

本书通过解读松下幸之助一生的经营哲学、思维方式，完美诠释出攀登者拼搏向上、不屈不挠的精神，直指人心，可唤醒读者心中的内在能量，读后对经营和人生甚至生命都会有一种新的启发，受益一生，衷心推荐此书。

每一位经营者，都需要找准各自大行业的垂直细分领域，发挥企业最大优势，努力成为细分行业的垂直攀登者，这是每一位经营者应有的生命态度，在攀登的过程中有酸甜苦辣，我们都需要咬紧牙根坚持前行，垂直领域的先行攀登者一定会进入无人区，我们需要耐得住寂寞，一定能看到不一样的风景和体验不一样的人生。

我从 2014 年创业至今，一直以 3D 打印产业布道者的初心，从 4 人联合创立至今 1700 多员工，历经 7 年发展，业务不断拓展，社会责任不断扩大，服务领域不断延伸，我们从未停止过攀登，在其发展中，我对攀登者的精神颇有感触。我更坚定今后的经营理念和攀登山顶的信念，力行正道，垂直攀登，世间纵有路千条，垂直攀登方为径，相信我们有无限的可能，终将抵达山顶，让千家万户享受科技带来的便捷。

深圳市立创电子商务有限公司总经理　杨林杰

书中详细介绍了"经营之神"松下幸之助"重人"的经营之道，通俗易懂，"水坝式经营""玻璃式经营法""众智经营法"，都是以人为本，"造物先造人"的经营理念，其实质就是对人最大的尊重与信任，如何提升组织能力？相信这就是底层逻辑原动力，正如作者所说："办企业，做经营，是一件十分不容易的事，需要有攀登者精神，要有登顶的毅力和勇气，更要有克服困难的意志力"，只要你愿意付出，遵循一定的法则，人人皆能经营成功，当你遇到困惑时，不妨从本书中寻找答案！

火种定位学会创始人　盘子

几年前我在日本参观了松下幸之助设立的 PHP 研究所，当时是有很多不解的。PHP 由英文" Peace and Happiness through Prosperity "的首字母组成，意思是"通过繁荣实现和平与幸福"。

这句话是什么意思？第一次听的时候，我的脑袋是懵的。而随着自己的知识积累越来越多，对这句话有了自己的理解。

社会繁荣，人们的收入都稳定并持续增长了。当大多数国家都繁荣了，产品丰富，贸易发达，既双赢，效率也更高，这样也就更没有必要通过掠夺这种古老的零和方式致富。

以探索"通过繁荣实现和平与幸福"的方式为使命，不得不说松下幸之助的思想是深远的。

当然，跟其他照亮人类文明星空的伟人一样，松下幸之助的思想肯定还有更多闪光点，这就需要优秀的研究者来进行解读和传播。伟人的思想是一种看不见摸不着的"物质"，研究要出成果，要能落地，不但需要具备科学的方法，而且还需要一定的哲学思维能力和高度，难度可谓不小。把松下幸之助比喻为攀登者的作者本人，何尝不是正在垂直攀登的攀登者呢？

卡酷尚集团董事长　郭晓林

松下先生是我非常崇拜的企业家，作为日本的经营之神，他的经营哲学值得每一个创业者学习和借鉴。同时，松下先生是一座宝藏，无论是"日日新"经营观，还是"生成发展观"，他那种凡事要洞悉真相，探究事物本质的"素直之心"，影响了无数的创业者和企业家。

在作者笔下，松下先生更是一位彻底追求正确思考的哲学家。简明扼要地提出"何为人，何为正确，何为'素直之心'"，如此重要的观点，并一辈子切实实践的企业家，前所未有。

人生本自具足。在向外求的时候，不妨静下心来，翻开这本书，把所思所悟运用到我们的日常生活和工作中，知行合一，在修炼中正确认识我们自己，由"向外求"转变为"向内求"。这样，我们一生坚持的事业一定会基业长青，并过上一个更值得的人生。

苏州圈时代文化艺术有限公司董事长　钱炜

联想起年轻时读过松下先生的书，我的内心久久不能平静。企业在归属上可能属于个人，但自从成立之日起就是属于整个社会的，它可能起源于某个个人的追求和攀登，但它必然会发展成一群人的修炼和使命。

企业的本质是人，人的本质是生活，任何企业的终极目标都是为提升人的生活品质服务的，如果背离了这个初心，那就失去了办企业的意义。如果你是需要鼓励才能工作的人，那就不要去创业，因为创业是源于内心的热情，是垂直攀登。真心感谢作者又为在路上的创业者们提供了宝贵的精神食粮。

东莞市盈通科技有限公司董事长　钟奕怀

世上无难事，只要肯攀登。

作者能在新冠肺炎疫情期间，看到企业人最应该"坚持"的一面。真的为书中所有的"攀登者"所感动，并深受鼓舞。这本书值得我们去学习，去借鉴，去欣赏。

本书自始至终对奋斗、积极的人生观持肯定态度，文字中既充满了理想又非常现实。

一般来说，哲学给人的印象总是呆板或枯燥乏味的，但作者却能耐得住寂寞，一头钻进哲学的世界，苦心钻研，不断探索为人与经营之道。最后呈现给我们的是一本大众都能理解并喜欢的"经营版哲学"图书，其寓意之深刻，令我回味无穷。

德玛仕集团董事长　黄正祥

松下先生，被称为"经营之神"，他更是重振日本精神的著名企业家！他的经营哲学，对于中国企业的经营成长影响深远，堪称"企业经营的成功心法"。

本书对松下幸之助经营哲学研究十分透彻、思路十分清晰，书中讲述松下幸之助的挫折成长、创业经历、选人用人，经营战略、人生哲学，巧妙地将松下先生的生平和他的经营智慧结合在一起，通过鲜活生动的例子，让我在领略这些经营智慧的同时，也为这位伟人精彩的人生赞叹不已。

同时，德玛仕能够成为本书收录的案例之一，我深感荣幸，又倍感压力。虽然德玛仕在快速发展，但离成功还有一段很长的路要走，我们的路，道阻且长，然而，我们又充满了信心，相信德玛仕能够成长为一家承载社会使命的百年企业。

本书是一部关于攀登者、创业者、经营者、思考者的书，更是一本可以陪伴中国企业家一起成长的书。

深圳汇基集团董事长　董承胜

登上山顶的意义，不是因为挑战成功的喜悦，也不是因为沿途的风景，是因为此刻，离天空更近了……

关于松下幸之助的经营之道，经营哲学的书也不少，但作者以攀登者的姿态为耳熟能详的"经营之神"松下幸之助立说，可以说，本书同样见证了作者哲学和经营思维的升华，尝试了写作和经营的共振。

认真翻阅每一篇，顿觉感同身受，历历在目。作为 20 年企业经营者，所遇经营之困、危机之险、人才之窘、发展之惑，何其相似。解决之道却是千差万别，但终究离不开"企业即人"。很多人留恋山下的风景，很多人在半山腰就撤了，也有人跌落山谷，或者在到达顶峰前倒下。

经营企业如同垂直攀登，本身就是一种极限运动，世界上敢于挑战的人是少数，能登顶的人更是极少数，所以伟大的企业家，从来就是凤毛麟角。他们因为无畏所以伟大，因为思想所以伟大。经营企业，要时刻保持如履薄冰，如临深渊，如攀绝壁的心态。虽然我们永远无法抵达天空的高度，但只要知道我们一直在无限接近，这就是一种勇气和态度。

伟大的企业家往往把每时每刻都当作创业的起点，希望我们也永远不要失去攀登的勇气。既要有挑战的决心，又要有敬天爱人的素心，抬头奔跑，低头思考。

万盛兴精密技术（惠州）有限公司董事长　陈万强

企业经营管理是社会不同时期进步的缩影，日本企业和西方企业一样，把经营管理当作科学，他们将骨子里的理念和信仰融入经营，开创了别具一格的"经营心法"。

松下先生正是这种"经营心法"的开拓者和引领者。作为日本企业家的代表性人物，他开创的现象级文化、企业管理规范、员工教育等，经过无数人的实践和探索，已逐步形成了一种哲学，凝结了松下先生毕生的心血和智慧。

在本书中，作者结合松下先生毕生的经历和思考，向读者展现了一个鲜活睿智、充满企业家精神的企业家、哲学家，值得反复翻阅！

参 考 文 献

[1] 松下幸之助.经营管理全集 [M].沈阳：春风文艺出版社，1993.

[2] 松下幸之助.经营的本质 [M].张红，清光，等译.海口：南海出版公司，2010.

[3] 松下幸之助.经营沉思录 [M].海口：南海出版公司，2009.

[4] 松下幸之助.自来水哲学：松下幸之助自传 [M].李菁菁，译.海口：南海出版公司，2008.

[5] 江口克彦.成败由心 [M].赵媛，译.北京：新世界出版社，2019.

[6] 曾信智.松下幸之助的经营智慧 [M].杭州：浙江大学出版社，2011.

[7] 松下幸之助.万物和谐 [M].任世宁，译.北京：人民邮电出版社，2018.

[8] 松下幸之助.善断：松下幸之助的决策艺术 [M].吴常春，译.北京：人民邮电出版社，2017.

[9] 松下幸之助.事业如人 [M].黄成湘，译.北京：人民邮电出版社，2017.

[10] 松下幸之助.企业即人 [M].李静，译.北京：人民邮电出版社，2017.

[11] 松下幸之助 . 松下幸之助致未来领导者 [M]. 张明扬 , 译 . 北京：人民邮电出版社 , 2017.

[12] 松下幸之助 . 素直之心 [M]. 赵鲲 , 译 . 北京：人民邮电出版社 , 2017.

[13] 松下幸之助 . 拥有一颗素直之心吧 [M]. 刘峥 , 译 . 北京：东方出版社 , 2018.

[14] 松下幸之助 . 天心 [M]. 蒋敬诚 , 译 . 北京：东方出版社 , 2021.